公益財団法人 日本漢字能力検定協会

改訂四版

漢検

漢検 漢字学習 ステップ

漢字練習ノート

別冊

付・「総まとめ」答案用紙

5級

JN020881
「漢字練習ノート」は、別冊になっています。とりはずして使ってください。

※「漢字練習ノート」をとじているはり金でけがをしないよう、気をつけてください。

漢検 公益財団法人 日本漢字能力検定協会

700405 (1-6)

ステップ 1

漢字表は本文 11 ページにあります

沿	延	映	宇	域	遺	異	胃
沿	延	映	宇	域	遺	異	胃
沿	延	映	宇	域	遺	異	胃

ステップ 2

漢字表は本文 15 ページにあります

株	割	閣	革	拡	灰	我	恩
株	割	閣	革	拡	灰	我	恩
株	割	閣	革	拡	灰	我	恩

ステップ 3

漢字表は本文 19 ページにあります

	揮	机	危	簡	看	巻	干
	揮	机	危	簡	看	巻	干
	揮	机	危	簡	看	巻	干

漢字表は本文 23 ページにあります

	勤	郷	胸	供	吸	疑	貴
	勤	郷	胸	供	吸	疑	貴
	勤	郷	胸	供	吸	疑	貴

漢字表は本文 27 ページにあります

券	穴	激	劇	警	敬	系	筋
券	穴	激	劇	警	敬	系	筋
券	穴	激	劇	警	敬	系	筋

ステップ 6

漢字表は本文 35 ページにあります

	呼	己	厳	源	憲	権	絹
	呼	己	厳	源	憲	権	絹
	呼	己	厳	源	憲	権	絹

漢字表は本文 39 ページにあります

	鋼	降	紅	皇	孝	后	誤
	鋼	降	紅	皇	孝	后	誤
	鋼	降	紅	皇	孝	后	誤

漢字表は本文 43 ページにあります

	済	座	砂	困	骨	穀	刻
	済	座	砂	困	骨	穀	刻
	済	座	砂	困	骨	穀	刻

漢字表は本文 47 ページにあります

	姿	私	至	蚕	冊	策	裁
	姿	私	至	蚕	冊	策	裁
	姿	私	至	蚕	冊	策	裁

漢字表は本文 51 ページにあります

尺	捨	射	磁	誌	詞	視
尺	捨	射	磁	誌	詞	視
尺	捨	射	磁	誌	詞	視

ステップ 11

漢字表は本文 59 ページにあります

	従	衆	就	宗	収	樹	若
	従	衆	就	宗	収	樹	若
	従	衆	就	宗	収	樹	若

漢字表は本文 63 ページにあります

	諸	署	処	純	熟	縮	縦
	諸	署	処	純	熟	縮	縦
	諸	署	処	純	熟	縮	縦

漢字表は本文 67 ページにあります

	針	蒸	障	傷	将	承	除
	針	蒸	障	傷	将	承	除
	針	蒸	障	傷	将	承	除

漢字表は本文 71 ページにあります

舌	誠	聖	盛	寸	推	垂	仁
舌	誠	聖	盛	寸	推	垂	仁
舌	誠	聖	盛	寸	推	垂	仁

漢字表は本文 75 ページにあります

奏	善	銭	染	洗	泉	専	宣
奏	善	銭	染	洗	泉	専	宣
奏	善	銭	染	洗	泉	専	宣

ステップ 16

漢字表は本文 83 ページにあります

臓	蔵	操	層	装	創	窓
臓	蔵	操	層	装	創	窓
臓	蔵	操	層	装	創	窓

漢字表は本文 87 ページにあります

段	誕	探	担	宅	退	尊	存
段	誕	探	担	宅	退	尊	存
段	誕	探	担	宅	退	尊	存

漢字表は本文 91 ページにあります

腸	頂	庁	著	忠	宙	値	暖
腸	頂	庁	著	忠	宙	値	暖
腸	頂	庁	著	忠	宙	値	暖

漢字表は本文 95 ページにあります

糖	党	討	展	敵	痛	賃	潮
糖	党	討	展	敵	痛	賃	潮
糖	党	討	展	敵	痛	賃	潮

漢字表は本文 99 ページにあります

	派	脳	納	認	乳	難	届
	派	脳	納	認	乳	難	届
	派	脳	納	認	乳	難	届

漢字表は本文 109 ページにあります

否	晩	班	俳	肺	背	拝
否	晩	班	俳	肺	背	拝
否	晩	班	俳	肺	背	拝

漢字表は本文 113 ページにあります

閉	陛	並	奮	腹	俵	秘	批
閉	陛	並	奮	腹	俵	秘	批
閉	陛	並	奮	腹	俵	秘	批

漢字表は本文 117 ページにあります

	忘	亡	訪	宝	暮	補	片
	忘	亡	訪	宝	暮	補	片
	忘	亡	訪	宝	暮	補	片

漢字表は本文 121 ページにあります

	訳	模	盟	密	幕	枚	棒
	訳	模	盟	密	幕	枚	棒
	訳	模	盟	密	幕	枚	棒

漢字表は本文 125 ページにあります

卵	乱	翌	欲	幼	預	優	郵
卵	乱	翌	欲	幼	預	優	郵
卵	乱	翌	欲	幼	預	優	郵

漢字表は本文 129 ページにあります

		論	朗	臨	律	裏	覧
		論	朗	臨	律	裏	覧
		論	朗	臨	律	裏	覧

5級 総まとめ 答案用紙

※実際の検定での用紙の大きさとは異なります。

(一) 読み (20) 1×20

10	9	8	7	6	5	4	3	2	1

(二) 部首と部首名(記号) (10) 1×10

10	9	8	7	6	5	4	3	2	1

(四) 漢字と送りがな(ひらがな) (10) 2×5

5	4	3	2	1

(六) 四字の熟語(一字) (20) 2×10

10	9	8	7	6	5	4	3	2	1

(八) 熟語作り(記号) (10) 2×5

5	4	3	2	1

(九) 熟語の構成(記号) (20) 2×10

8	7	6	5	4	3	2	1

(十) 漢字 (40) 2×20

10	9	8	7	6	5	4	3	2	1

総得点
/200

20	19	18	17	16	15	14	13	12	11

(三) 画数（算用数字）(10)

10	9	8	7	6	5	4	3	2	1

1×10

(五) 音と訓（記号）(20)

10	9	8	7	6	5	4	3	2	1

2×10

(七) 対義語・類義語（一字）(20)

10	9	8	7	6	5	4	3	2	1

2×10

10	9

(十) 同じ読みの漢字 (20)

10	9	8	7	6	5	4	3	2	1

2×10

20	19	18	17	16	15	14	13	12	11

漢字って楽しい！

鳴

口　鳥

人　木

休

漢字の歴史は三千年以上とも
いわれています。
最初は、簡単な絵文字でした。
そのうち、それらを
組み合わせて、新しい漢字が
作られたのです。
一字一字の漢字に歴史がある、
そう思うと、漢字の学習が
楽しくなってきませんか。

「漢検」級別 主な出題内容

10級 …対象漢字数 80字
漢字の読み／漢字の書取／筆順・画数

9級 …対象漢字数 240字
漢字の読み／漢字の書取／筆順・画数

8級 …対象漢字数 440字
漢字の読み／漢字の書取／部首・部首名／筆順・画数／送り仮名／対義語／同じ漢字の読み

7級 …対象漢字数 642字
漢字の読み／漢字の書取／部首・部首名／筆順・画数／送り仮名／対義語／同音異字／三字熟語

6級 …対象漢字数 835字
漢字の読み／漢字の書取／部首・部首名／筆順・画数／送り仮名／対義語・類義語／同音・同訓異字／三字熟語／熟語の構成

5級 …対象漢字数 1026字
漢字の読み／漢字の書取／部首・部首名／筆順・画数／送り仮名／対義語・類義語／同音・同訓異字／誤字訂正／四字熟語／熟語の構成

4級 …対象漢字数 1339字
漢字の読み／漢字の書取／部首・部首名／送り仮名／対義語・類義語／同音・同訓異字／誤字訂正／四字熟語／熟語の構成

3級 …対象漢字数 1623字
漢字の読み／漢字の書取／部首・部首名／送り仮名／対義語・類義語／同音・同訓異字／誤字訂正／四字熟語／熟語の構成

準2級 …対象漢字数 1951字
漢字の読み／漢字の書取／部首・部首名／送り仮名／対義語・類義語／同音・同訓異字／誤字訂正／四字熟語／熟語の構成

2級 …対象漢字数 2136字
漢字の読み／漢字の書取／部首・部首名／送り仮名／対義語・類義語／同音・同訓異字／誤字訂正／四字熟語／熟語の構成

準1級 …対象漢字数 約3000字
漢字の読み／漢字の書取／故事・諺／対義語・類義語／同音・同訓異字／誤字訂正／四字熟語

1級 …対象漢字数 約6000字
漢字の読み／漢字の書取／故事・諺／対義語・類義語／同音・同訓異字／誤字訂正／四字熟語

※ここに示したのは出題分野の一例です。毎回すべての分野から出題されるとは限りません。また、このほかの分野から出題されることもあります。

日本漢字能力検定採点基準 最終改定：平成25年4月1日

❶ 採点の対象
筆画を正しく、明確に書かれた字を採点の対象とし、くずした字や、乱雑に書かれた字は採点の対象外とする。

❷ 字種・字体
① 2〜10級の解答は、内閣告示「常用漢字表」（平成二十二年）による。ただし、旧字体での解答は正答とは認めない。

② 1級および準1級の解答は、『漢検要覧 1／準1級対応』（公益財団法人日本漢字能力検定協会発行）に示す「標準字体」「許容字体」「旧字体一覧表」による。

❸ 読み
① 2〜10級の解答は、内閣告示「常用漢字表」（平成二十二年）による。

② 1級および準1級の解答には、①の規定は適用しない。

❹ 仮名遣い
仮名遣いは、内閣告示「現代仮名遣い」による。

❺ 送り仮名
送り仮名は、内閣告示「送り仮名の付け方」による。

❻ 部首
部首は、『漢検要覧 2〜10級対応』（公益財団法人日本漢字能力検定協会発行）収録の「部首一覧表と部首別の常用漢字」による。

❼ 筆順
筆順の原則は、文部省編『筆順指導の手びき』（昭和三十三年）による。常用漢字一字一字の筆順は、『漢検要覧 2〜10級対応』収録の「常用漢字の筆順一覧」による。

❽ 合格基準

級	満点	合格
1級／準1級／2級	二〇〇点	八〇％程度
準2級／3級／4級／5級／6級／7級	二〇〇点	七〇％程度
8級／9級／10級	一五〇点	八〇％程度

※部首、筆順は『漢検 漢字学習ステップ』など公益財団法人日本漢字能力検定協会発行図書でも参照できます。

日本漢字能力検定審査基準

10級

程度　小学校第1学年の学習漢字を理解し、文や文章の中で使える。

領域・内容

《読むことと書くこと》　小学校学年別漢字配当表の第1学年の学習漢字を読み、書くことができる。

《筆順》　点画の長短、接し方や交わり方、筆順および総画数を理解している。

9級

程度　小学校第2学年までの学習漢字を理解し、文や文章の中で使える。

領域・内容

《読むことと書くこと》　小学校学年別漢字配当表の第2学年までの学習漢字を読み、書くことができる。

《筆順》　点画の長短、接し方や交わり方、筆順および総画数を理解している。

8級

程度　小学校第3学年までの学習漢字を理解し、文や文章の中で使える。

領域・内容

《読むことと書くこと》　小学校学年別漢字配当表の第3学年までの学習漢字を読み、書くことができる。

- 音読みと訓読みとを理解していること
- 送り仮名に注意して正しく書けること（食べる、楽しい、後ろ　など）
- 対義語の大体を理解していること（勝つ―負ける、重い―軽い　など）
- 同音異字を理解していること（反対、体育、期待、太陽　など）

《筆順》　筆順、総画数を正しく理解している。

《部首》　主な部首を理解している。

7級

程度　小学校第4学年までの学習漢字を理解し、文章の中で正しく使える。

領域・内容

《読むことと書くこと》　小学校学年別漢字配当表の第4学年までの学習漢字を読み、書くことができる。

- 音読みと訓読みとを正しく理解していること
- 送り仮名に注意して正しく書けること（等しい、短い、流れる　など）
- 熟語の構成を知っていること
- 対義語の大体を理解していること（入学―卒業、成功―失敗　など）
- 同音異字を理解していること（健康、高校、公共、外交　など）

《筆順》　筆順、総画数を正しく理解している。

《部首》　部首を理解している。

6級

程度　小学校第5学年までの学習漢字を理解し、文章の中で漢字が果たしている役割を知り、正しく使える。

領域・内容

《読むことと書くこと》　小学校学年別漢字配当表の第5学年までの学習漢字を読み、書くことができる。

- 音読みと訓読みとを正しく理解していること
- 送り仮名や仮名遣いに注意して正しく書けること（求める、失う　など）
- 熟語の構成を知っていること（上下、絵画、大木、読書、不明　など）
- 対義語、類義語の大体を理解していること（禁止―許可、平等―均等　など）
- 同音・同訓異字を正しく理解していること

《筆順》　筆順、総画数を正しく理解している。

《部首》　部首を理解している。

5級

程度　小学校第6学年までの学習漢字を理解し、文章の中で漢字が果たしている役割に対する知識を身に付け、漢字を文章の中で適切に使える。

領域・内容

《読むことと書くこと》　小学校学年別漢字配当表の第6学年までの学習漢字を読み、書くことができる。

- 音読みと訓読みとを正しく理解していること
- 送り仮名や仮名遣いに注意して正しく書けること
- 熟語の構成を知っていること
- 対義語、類義語を正しく理解していること
- 同音・同訓異字を正しく理解していること

《四字熟語》　四字熟語を正しく理解している（有名無実、郷土芸能　など）。

《筆順》　筆順、総画数を正しく理解している。

《部首》　部首を理解し、識別できる。

4級

程度　常用漢字のうち約1300字を理解し、文章の中で適切に使える。

領域・内容

《読むことと書くこと》　小学校学年別漢字配当表のすべての漢字と、その他の常用漢字約300字の読み書きを習得し、文章の中で適切に使える。

- 音読みと訓読みとを正しく理解していること
- 送り仮名や仮名遣いに注意して正しく書けること
- 熟語の構成を正しく理解していること
- 熟字訓、当て字を理解していること（小豆／あずき、土産／みやげ　など）
- 対義語、類義語、同音・同訓異字を正しく理解していること

《四字熟語》　四字熟語を理解している。

《部首》　部首を識別し、漢字の構成と意味を理解している。

3級

程度　常用漢字のうち約1600字を理解し、文章の中で適切に使える。

領域・内容

《読むことと書くこと》　小学校学年別漢字配当表のすべての漢字と、その他の常用漢字約600字の読み書きを習得し、文章の中で適切に使える。

- 音読みと訓読みとを正しく理解していること
- 送り仮名や仮名遣いに注意して正しく書けること
- 熟語の構成を正しく理解していること
- 熟字訓、当て字を理解していること（乙女／おとめ、風邪／かぜ　など）
- 対義語、類義語、同音・同訓異字を正しく理解していること

《四字熟語》　四字熟語を理解している。

《部首》　部首を識別し、漢字の構成と意味を理解している。

※常用漢字とは、平成22年（2010年）11月30日付内閣告示による「常用漢字表」に示された2136字をいう。

準2級

程度 常用漢字のうち1951字を理解し、文章の中で適切に使える。

領域・内容

《読むことと書くこと》 1951字の漢字の読み書きを習得し、文章の中で適切に使える。

・音読みと訓読みとを正しく理解していること
・送り仮名や仮名遣いに注意して正しく書けること
・熟語の構成を正しく理解していること
・熟字訓、当て字を理解していること（硫黄／いおう、相撲／すもう　など）
・対義語、類義語、同音・同訓異字を正しく理解していること

《四字熟語》 典拠のある四字熟語を理解している（驚天動地、孤立無援　など）。

《部首》 部首を識別し、漢字の構成と意味を理解している。

※ 1951字とは、昭和56年（1981年）10月1日付内閣告示による旧「常用漢字表」の1945字から「勺」「錘」「銑」「脹」「匁」の5字を除いたものに、現行の「常用漢字表」のうち、「茨」「媛」「岡」「熊」「埼」「鹿」「栃」「奈」「梨」「阪」「阜」の11字を加えたものを指す。

2級

程度 すべての常用漢字を理解し、文章の中で適切に使える。

領域・内容

《読むことと書くこと》 すべての常用漢字の読み書きに習熟し、文章の中で適切に使える。

・音読みと訓読みとを正しく理解していること
・送り仮名や仮名遣いに注意して正しく書けること
・熟語の構成を正しく理解していること
・熟字訓、当て字を理解していること（海女／あま、玄人／くろうと　など）
・対義語、類義語、同音・同訓異字などを正しく理解していること

《四字熟語》 典拠のある四字熟語を理解している（鶏口牛後、呉越同舟　など）。

《部首》 部首を識別し、漢字の構成と意味を理解している。

準1級

程度 常用漢字を含めて、約3000字の漢字の音・訓を理解し、文章の中で適切に使える。

領域・内容

《読むことと書くこと》 常用漢字の音・訓を含めて、約3000字の漢字の読み書きに慣れ、文章の中で適切に使える。

・熟字訓、当て字を理解していること
・対義語、類義語、同音・同訓異字などを理解していること
・国字を理解していること（峠、凧、畠　など）
・複数の漢字表記について理解していること（國—国、交叉—交差　など）

《四字熟語・故事・諺》 典拠のある四字熟語、故事成語・諺を正しく理解している。

《古典的文章》 古典的文章の中での漢字・漢語を理解している。

※ 約3000字の漢字は、JIS第一水準を目安とする。

1級

程度 常用漢字を含めて、約6000字の漢字の音・訓を理解し、文章の中で適切に使える。

領域・内容

《読むことと書くこと》 常用漢字の音・訓を含めて、約6000字の漢字の読み書きに慣れ、文章の中で適切に使える。

・熟字訓、当て字を理解していること
・対義語、類義語、同音・同訓異字などを理解していること
・国字を理解していること（怺える、毟る　など）
・地名・国名などの漢字表記（当て字の一種）を知っていること
・複数の漢字表記について理解していること（鹽—塩、颱風—台風　など）

《四字熟語・故事・諺》 典拠のある四字熟語、故事成語・諺を正しく理解している。

《古典的文章》 古典的文章の中での漢字・漢語を理解している。

※ 約6000字の漢字は、JIS第一・第二水準を目安とする。

※常用漢字とは、平成22年（2010年）11月30日付内閣告示による「常用漢字表」に示された2136字をいう。

個人受検を申し込まれる皆さまへ

協会ホームページのご案内

検定に関する最新の情報（申込方法やお支払い方法など）は、公益財団法人　日本漢字能力検定協会**ホームページ https://www.kanken.or.jp/** をご確認ください。
なお、下記の二次元コードから、ホームページへ簡単にアクセスできます。

受検規約について

受検を申し込まれる皆さまは、「日本漢字能力検定 受検規約（漢検PBT）」の適用があることを同意のうえ、検定の申し込みをしてください。受検規約は協会のホームページでご確認いただけます。

1 受検級を決める

受検資格　制限はありません

実施級　1、準1、2、準2、3、4、5、6、7、8、9、10級

検定会場　全国主要都市約170か所に設置
（実施地区は検定の回ごとに決定）

検定時間　ホームページにてご確認ください。

2 検定に申し込む

インターネットにてお申し込みください。

注意

①家族・友人と同じ会場での受検を希望する方は、検定料のお支払い完了後、申込締切日の2営業日後までに協会（お問い合わせフォーム）までお知らせください。

②障がいがあるなど、身体的・精神的な理由により、受検上の配慮を希望される方は、申込締切日までに協会（お問い合わせフォーム）までご相談ください（申込締切日以降のお申し出には対応できかねます）。

③申込締切日以降は、受検級・受検地を含む内容変更および取り消し・返金は、いかなる場合もできません。また、次回以降の振替え、団体受検や漢検CBTへの変更もできません。

団体受検の申し込み

自分の学校や企業などの団体で志願者が一定以上集まると、団体単位で受検の申し込みができる「団体受検」という制度もあります。団体受検申込を扱っているかどうかは先生や人事関係の担当者に確認してください。

3 受検票が届く

受検票は検定日の約1週間前から順次お届けします。

注意

①1、準1、2、準2、3級の方は、後日届く受検票に顔写真（タテ4㎝×ヨコ3㎝、6か月以内に撮影、上半身、正面、帽子やマスクは外す）を貼り付け、会場に当日持参してください。
（当日回収・返却不可）

②4級～10級の方は、顔写真は不要です。

4 検定日当日

持ち物　受検票、鉛筆（ＨＢ、Ｂ、２Ｂの鉛筆またはシャープペンシル）、消しゴム

※ボールペン、万年筆などの使用は認められません。ルーペ持ち込み可。

注意

① 会場への車での来場（送迎を含む）は、交通渋滞の原因や近隣の迷惑になりますので固くお断りします。
② 検定開始時刻の15分前を目安に受検教室までお越しください。答案用紙の記入方法などを説明します。
③ 携帯電話やゲーム、電子辞書などは、電源を切り、かばんにしまってから入場してください。
④ 検定中は受検票を机の上に置いてください。
⑤ 答案用紙には、あらかじめ名前や生年月日などが印字されています。
⑥ 検定日の約5日後に漢検ホームページにて標準解答を公開します。

5 合否の通知

検定日の約40日後に、受検者全員に「検定結果通知」を郵送します。合格者には「合格証書」・「合格証明書」を同封します。欠席者には検定問題と標準解答をお送りします。

受検票は検定結果が届くまで大切に保管してください。

進学・就職に有利！
合格者全員に合格証明書発行

大学・短大の推薦入試の提出書類に、また就職の際の履歴書に添付してあなたの漢字能力をアピールしてください。合格者全員に、合格証書と共に合格証明書を2枚、無償でお届けいたします。

合格証明書が追加で必要な場合は有償で再発行できます。

申請方法はホームページにてご確認ください。

お問い合わせ窓口

電話番号　フリーコール **0120-509-315**（無料）

（海外からはご利用いただけません。ホームページよりメールでお問い合わせください。）

お問い合わせ時間　月～金　9時00分～17時00分
（祝日・お盆・年末年始を除く）

※公開会場検定日とその前日の土曜は開設

※検定日は9時00分～18時00分

メールフォーム　https://www.kanken.or.jp/kanken/contact/

「漢検」受検の際の注意点

【字の書き方】

問題の答えは楷書で大きくはっきり書きなさい。乱雑な字や続け字、また、行書体や草書体のようにくずした字は採点の対象とはしません。

特に漢字の書き取り問題では、答えの文字は教科書体をもとにして、はねるところ、とめるところなどもはっきり書きましょう。また、画数に注意して、一画一画を正しく、明確に書きなさい。

《例》

○熱　×[くずし字]
○言　×[くずし字]
○糸　×[くずし字]

【字種・字体について】

(1)日本漢字能力検定2〜10級においては、「常用漢字表」に示された字種で書きなさい。つまり、表外漢字（常用漢字表にない漢字）を用いると、正答とは認められません。

《例》

○交差点　×交叉点　（「叉」が表外漢字）
○寂しい　×淋しい　（「淋」が表外漢字）

(2)日本漢字能力検定2〜10級においては、「常用漢字表」に示された字体で書きなさい。なお、「常用漢字表」に参考として示されている康熙（こうき）字典体など、旧字体と呼ばれているものを用いると、正答とは認められません。

《例》

○真　×眞
○飲　×飮
○弱　×弱
○渉　×涉
○迫　×迫

(3)一部例外として、平成22年告示「常用漢字表」で追加された字種で、許容字体として認められているものや、その筆写文字と印刷文字との差が習慣の相違に基づくとみなせるものは正答と認めます。

《例》

餌 ➡ 餌　と書いても可
遜 ➡ 遜　と書いても可
葛 ➡ 葛　と書いても可
溺 ➡ 溺　と書いても可
箸 ➡ 箸　と書いても可

注意

(3)において、どの漢字が当てはまるかなど、一字一字については、当協会発行図書（2級対応のもの）掲載の漢字表で確認してください。

公益財団法人 日本漢字能力検定協会

改訂四版

漢検

漢検 漢字学習 ステップ 5級

漢検 公益財団法人 日本漢字能力検定協会

もくじ

本書の使い方

日本漢字能力検定（漢検）5級は、小学校6年生で学習する漢字一九一字を中心に、それまでに学習する漢字をふくめた読み・書き、使い方などが出題されます。本書はその一九一字を、**漢字表・練習問題**からなる26ステップに分けてあります。

また、復習と確認ができるように5～6ステップごとに**力だめし**を設けてあります。最後の**総まとめ**は審査基準に則した出題形式で模擬試験としてご利用いただけます。

さらに付録として、「学年別漢字配当表」や「常用漢字表　付表」などの資料ものせてあります。

漢検の主な出題内容は「日本漢字能力検定審査基準」「日本漢字能力検定採点基準」（いずれも本書巻頭カラー口絵に掲載）等で確認してください。

一 漢字表

覚えておきたい項目をチェック

ステップ1回分
（漢字表＋練習問題）

二 練習問題

練習問題で実力養成

三 力だめし

5～6ステップごとに

成果を確認

四 総まとめ

一 漢字表

1ステップの学習漢字数は6～8字です。漢字表には、それぞれの漢字について覚えておきたい項目が整理されています。漢字表の内容を確認してから、練習問題に進んでください。

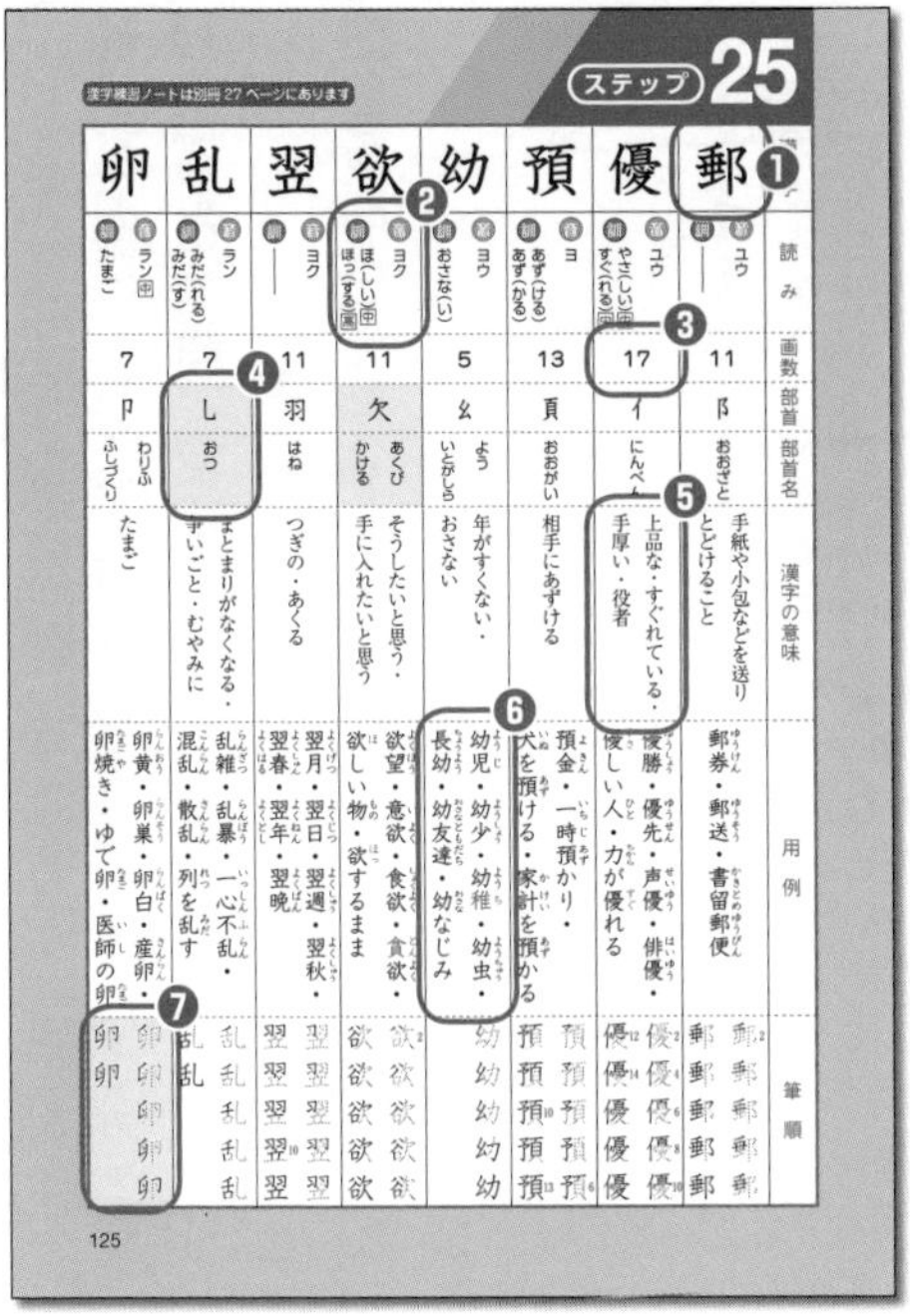

漢字練習ノートは別冊27ページにあります

ステップ 25

漢字	読み	画数	部首	部首名	漢字の意味	用例	筆順
郵 ❶	音 ユウ 訓 —	11	阝	おおざと	手紙や小包などを送りとどけること	郵券・郵送・書留郵便	郵 郵 郵 郵 郵 郵 郵 郵 郵 郵
優	音 ユウ 訓 やさ(しい)中 すぐ(れる)中	17 ❸	亻	にんべん	上品な・すぐれている・手厚い・役者 ❺	優勝・優先・声優・俳優・優しい人・力が優れる	優 優 優 優 優 優 優 優 優 優
預	音 ヨ 訓 あず(ける) あず(かる)	13	頁	おおがい	相手にあずける	預金・一時預かり・犬を預ける・家計を預かる	預 預 預 預 預 預 預 預 預 預
幼	音 ヨウ 訓 おさな(い)	5	幺	よう いとがしら	年がすくない・おさない	幼児・幼少・幼稚・幼虫・長幼・幼友達・幼なじみ ❻	幼 幼 幼 幼 幼
欲	音 ヨク 訓 ほ(しい)中 ほっ(する)高 ❷	11	欠	あくび かける	そうしたいと思う・手に入れたいと思う	欲望・意欲・食欲・貪欲・欲しい物・欲するまま	欲 欲 欲 欲 欲 欲 欲 欲 欲 欲
翌	音 ヨク 訓 —	11	羽	はね	つぎの・あくる	翌月・翌日・翌週・翌秋・翌春・翌年・翌晩	翌 翌 翌 翌 翌 翌 翌 翌 翌 翌
乱	音 ラン 訓 みだ(れる) みだ(す)	7	乚 ❹	おつ	まとまりがなくなる・争いごと・むやみに	乱雑・乱暴・一心不乱・混乱・散乱・列を乱す	乱 乱 乱 乱 乱 乱 乱
卵	音 ラン中 訓 たまご	7	卩	わりふ ふしづくり	たまご	卵黄・卵巣・卵白・産卵・卵焼き・ゆで卵・医師の卵	卵 卵 卵 卵 卵 卵 卵 ❼

125

❶ **学習漢字**
教科書体で記してあります。ここを参考にして略さずていねいに書くよう心がけましょう。

❷ **読み**
音読みをカタカナで、訓読みをひらがなで示してあります。中は中学校で学習する読みで、4級以上で出題対象となります。高は高校で学習する読みで、準2級以上で出題対象となります。

❸ **画数**
総画数を示しています。

❹ **部首・部首名**
漢検採用のものです。
※赤刷りになっているところはまちがえやすいものです。注意しましょう。（筆順も同様）

❺ **意味**
漢字の持つ主な意味です。意味を知っていると、漢字の使い分けや熟語の意味を理解しやすくなります。

❻ **用例**
学習漢字を用いた熟語を中心に用例をあげました。赤字で示した読み方や漢字は、5級まででは学習しないものです。

❼ **筆順**
漢字の筆順（書き順）を示してあります。途中を省略した場合は横に何画目かがわかるように数字をつけてあります。

二 練習問題

各ステップの問題は、読み・書き取り問題を中心にさまざまな問題で構成されています。

1（読み問題）…音読み・訓読みを適度に配分してあります。

2・3（応用問題）…部首、対義語・類義語、筆順・画数などの問題で構成されています。

4（書取問題）…答えを3回記入できるように「らん」を設けています。下の「らん」から書きこんで、2回目・3回目は前の答えをカバーその「かくしーと」でかくしながら記入してください。

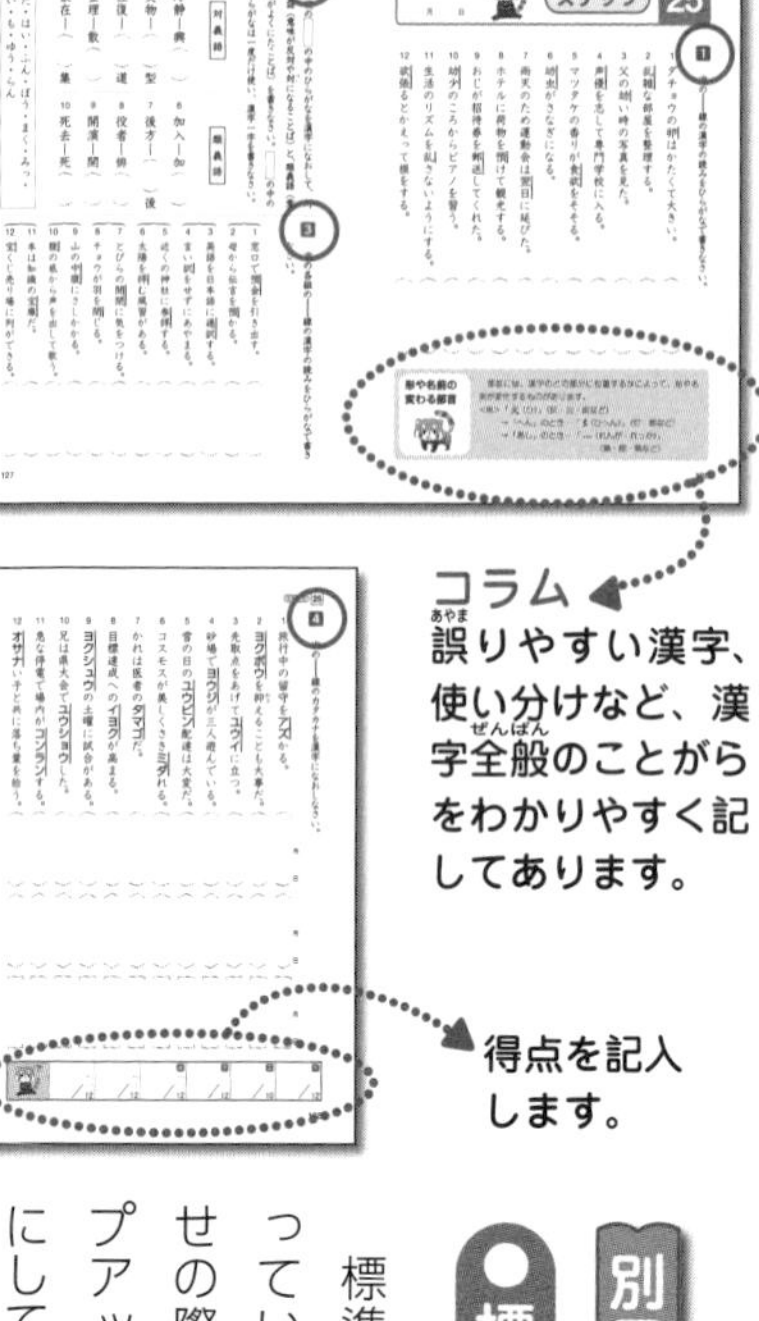

コラム
誤り（あやま）やすい漢字、使い分けなど、漢字全般（ぜんぱん）のことがらをわかりやすく記してあります。

得点を記入します。

別冊 ●標準解答●

標準解答は別冊（べっさつ）になっています。答え合わせの際は解説「ステップアップメモ」も参考にしてください。

別冊 ●漢字練習ノート●

別冊「漢字練習ノート」の漢字はステップの順番でならんでいます。筆順やトメ・ハネに注意して、ていねいに書くことを心がけましょう。

三 力だめし

5～6ステップごとに設けてあります。

一〇〇点満点で、自己（じこ）評価ができますので、小テストとして問題に取り組んでください。

四 総まとめ

すべてのステップを学習したら、実力確認（かくにん）の問題にチャレンジしてください。自己採点して、苦手分野は再度復習しましょう。

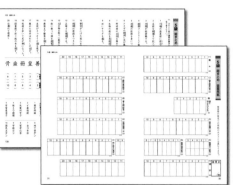

総まとめは別冊「漢字練習ノート」の30・31ページに答案用紙がついています。

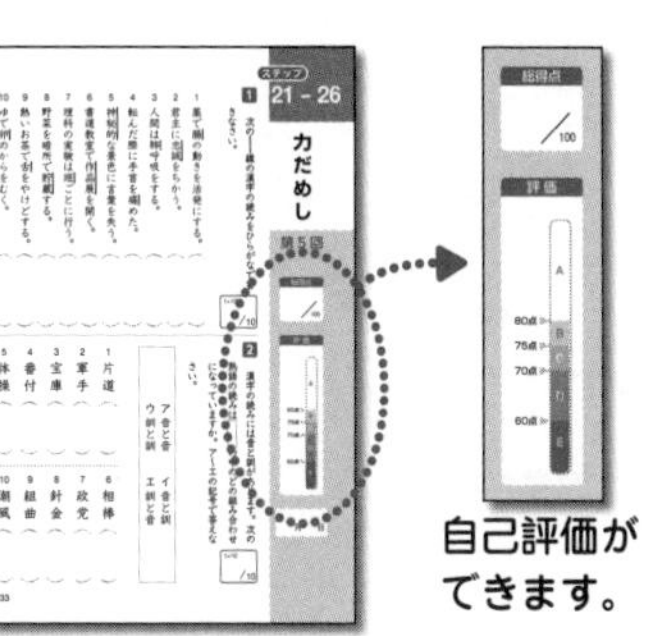
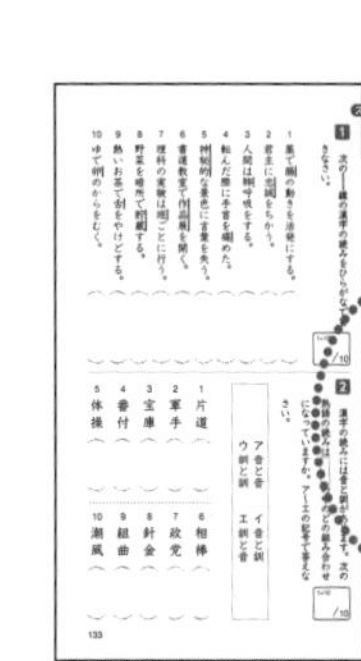
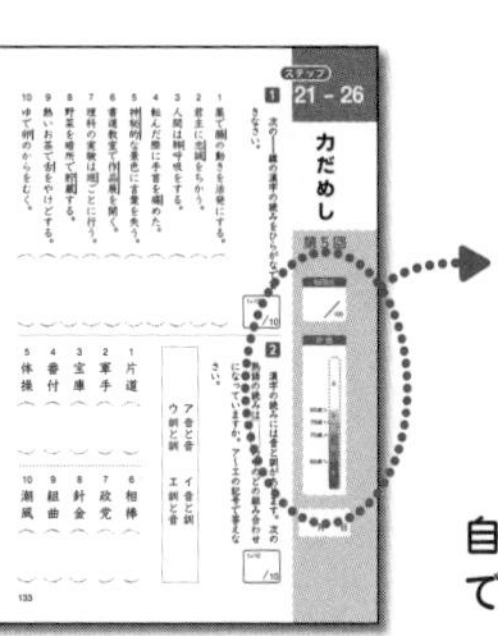

自己評価ができます。

クイズであそぼ！

力だめしの後には、楽しいクイズのページがあります。

次のページには進行表「漢字の画数を数えると？」があります。

学習の進み具合をチェックしましょう。

漢字の画数を数えると?

ステップ1回分が終わったら、そのステップの漢字を全部なぞって、総画数を合計しよう。10ページにある表の中から、合計した総画数と同じ数字のマスをさがして、1ステップにつき1マスずつぬりつぶしていくと、最後に何が出てくるかな?

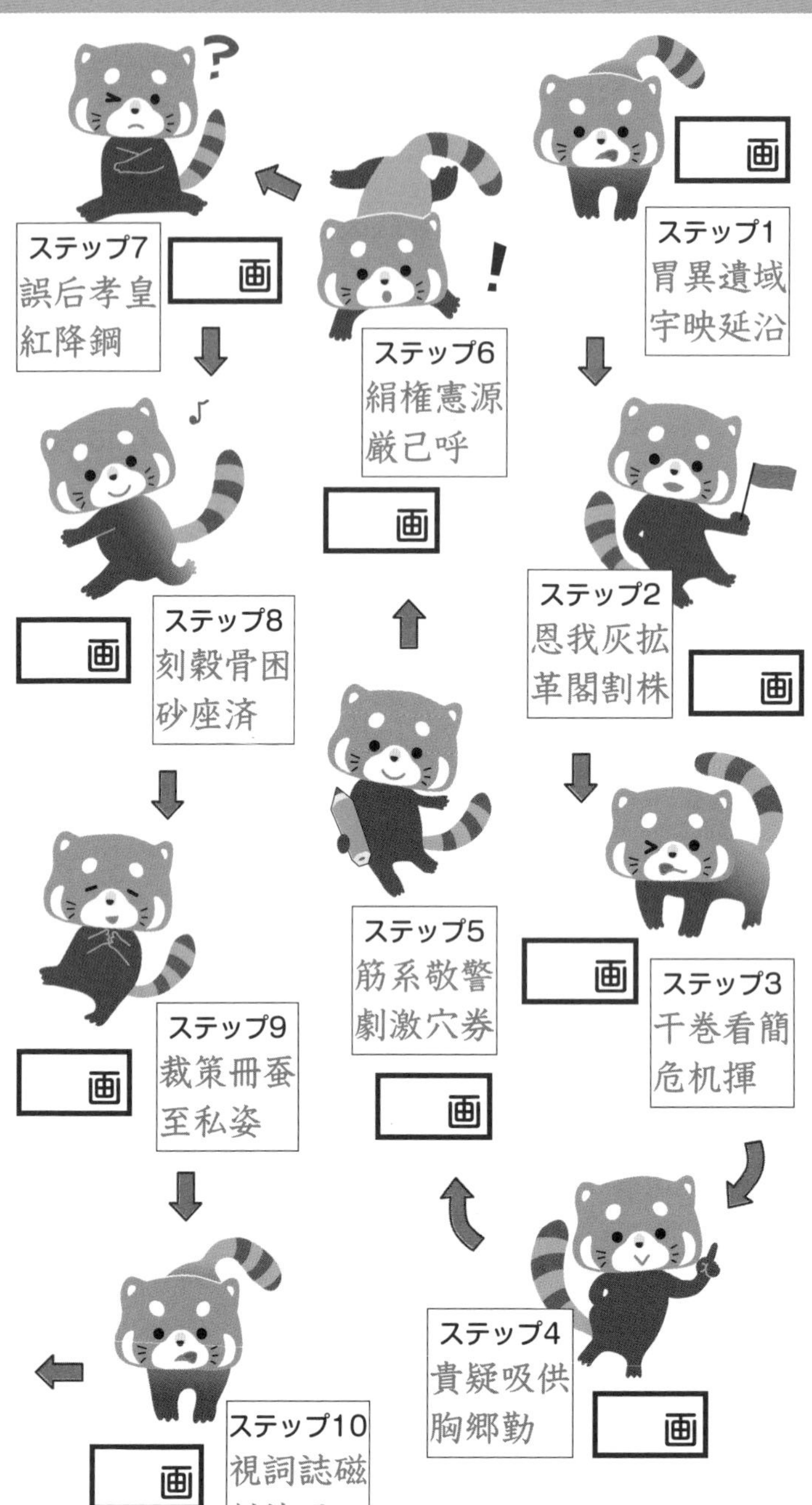

ステップ11
若樹収宗
就衆従
画
ステップ12
縦縮熟純
処署諸
画
ステップ13
除承将傷
障蒸針
画
ステップ14
仁垂推寸
盛聖誠舌
画
ステップ15
宣専泉洗
染銭善奏
画
ステップ16
窓創装層
操蔵臓
画
ステップ17
存尊退宅
担探誕段
画
ステップ18
暖値宙忠
著庁頂腸
画
ステップ19
潮賃痛敵
展討党糖
画
ステップ20
届難乳認
納脳派
画
ステップ21
拝背肺俳
班晩否
画
ステップ22
批秘俵腹
奮並陛閉
画
ステップ23
片補暮宝
訪亡忘
画
ステップ24
棒枚幕密
盟模訳
画
ステップ25
郵優預幼
欲翌乱卵
画
ステップ26
覧裏律
臨朗論
画

漢字の画数を数えると?

<table>
<tr><td colspan="2">60</td><td>72</td><td>82</td><td colspan="2">60</td><td>95</td><td>91</td><td>64</td><td>74</td><td>84</td></tr>
<tr><td rowspan="2">90</td><td rowspan="2">72</td><td>79</td><td rowspan="2">59</td><td colspan="2">94</td><td>76</td><td colspan="2">76</td><td rowspan="2">72</td><td rowspan="2">88</td></tr>
<tr><td rowspan="2">96</td><td>83</td><td colspan="2">92</td><td rowspan="2">82</td><td rowspan="2">62</td></tr>
<tr><td colspan="2">74</td><td>80</td><td colspan="2">82</td><td>99</td><td colspan="2">60</td></tr>
<tr><td rowspan="2">83</td><td>74</td><td rowspan="2">97</td><td colspan="2">75</td><td rowspan="2">63</td><td>88</td><td colspan="3">68</td><td>62</td></tr>
<tr><td>58</td><td colspan="2">88</td><td>93</td><td colspan="2">81</td><td rowspan="2">97</td><td rowspan="2">90</td></tr>
<tr><td colspan="2">57</td><td colspan="2">101</td><td colspan="2">69</td><td colspan="2">70</td><td rowspan="3">78</td></tr>
<tr><td colspan="2">102</td><td rowspan="2">76</td><td>64</td><td>98</td><td rowspan="2">77</td><td>88</td><td>98</td><td>75</td><td rowspan="2">74</td></tr>
<tr><td colspan="2">64</td><td colspan="2">85</td><td colspan="2">71</td><td rowspan="2">88</td></tr>
<tr><td rowspan="2">84</td><td>86</td><td colspan="2">102</td><td>81</td><td rowspan="2">65</td><td>100</td><td>84</td><td>57</td><td rowspan="2">58</td></tr>
<tr><td>78</td><td colspan="3">73</td><td colspan="2">69</td><td colspan="2">61</td></tr>
<tr><td rowspan="2">93</td><td>88</td><td rowspan="2">90</td><td colspan="2">64</td><td rowspan="2">85</td><td rowspan="2">96</td><td colspan="2">89</td><td>74</td><td rowspan="2">55</td></tr>
<tr><td rowspan="2">50</td><td rowspan="2">96</td><td>89</td><td rowspan="2">95</td><td colspan="2">62</td></tr>
<tr><td>60</td><td>74</td><td colspan="3">103</td><td colspan="3">117</td></tr>
</table>

何が出てくるかな？

答えは 別冊標準解答 20 ページ

漢字練習ノートは別冊3ページにあります

ステップ 1

漢字	読み	画数	部首	部首名	漢字の意味	用例	筆順
胃	音 イ / 訓 ―	9	肉	にく	いぶくろ	胃液・胃下垂・胃酸・胃弱・胃腸・胃が痛む	胃 胃 胃 胃 胃 胃 胃 胃 胃
異	音 イ / 訓 こと	11	田	た	ちがう・ふつうとちがう・よその・他の	異議・異口同音・異国・異常・異論・意見が異なる	異 異 異 異 異 異 異 異 異11 異
遺	音 イ、ユイ中 / 訓 ―	15	辶	しんにょう しんにゅう	のこす・忘れる・すてる・残ったもの	遺棄・遺産・遺失・遺跡・遺品・世界遺産・遺言	遺 遺3 遺 遺 遺 遺10 遺 遺12 遺 遺
域	音 イキ / 訓 ―	11	土	つちへん	限られた広さの場所・国土・範囲	域外・域内・音域・区域・広域・地域・流域・領域	域 域 域 域 域6 域 域 域 域 域
宇	音 ウ / 訓 ―	6	宀	うかんむり	天地のはて・そら・のき・屋根・心の広さ	宇宙・宇宙遊泳・気宇壮大・堂宇	宇 宇 宇 宇 宇 宇
映	音 エイ / 訓 うつ(る)、うつ(す)、は(える)中	9	日	ひへん	うつる・他の光に照らされる	映画・映写・映像・上映・反映・湖面に映る・夕映え	映 映 映 映 映 映 映 映 映
延	音 エン / 訓 の(びる)、の(べる)、の(ばす)	8	廴	えんにょう	長くなる・ひろがる・おくれる	延期・延長・延命・順延・繰り延べる・出発を延ばす	延 延 延 延 延 延 延 延
沿	音 エン / 訓 そ(う)	8	氵	さんずい	時間の流れや道などの長いものにそう	沿海・沿革・沿岸漁業・沿線・沿道・海沿い	沿 沿 沿 沿 沿 沿 沿 沿

月　日

1

1 次の——線の漢字の読みをひらがなで書きなさい。

1 線路に沿った道をゆっくりと歩いた。
2 胃液で食べ物を消化する。
3 このビデオの映像は高画質だ。
4 学問の領域が広がる。
5 宇宙（ちゅう）船が無事、地球にもどった。
6 祖父の遺品を整理する。
7 沿道で祭りの見物をする。
8 雨の場合、遠足は延期となる。
9 赤い夕日が水面に映って美しい。
10 川の流域に田園が広がっている。
11 厚い生地（きじ）をうすく手で延べる。
12 今年の夏は異常な暑さだ。

同訓異字

「自分の顔を鏡にウツす。」は、「写す」？「映す」？

写す…元になるものをそのまま書き取る。写真にとる。
映す…すがたや形をほかのものの上に現す。光があたって画像が現れる。

この場合は、すがた（自分の顔）をほかのもの（鏡）に現すことから、「映す」が正解です。

2 次の――線のカタカナの部分を漢字一字と送りがな（ひらがな）になおしなさい。

〈例〉クラブのきまりを**サダメル**。（定める）

1 **アマス**ところなく説明する。（　）
2 両手で柱を**ササエル**。（　）
3 おこづかいが**アマッ**た。（　）
4 ガラスに顔を**ウツシ**てみる。（　）
5 登山者が道に**マヨウ**。（　）
6 会議の司会を**ツトメル**。（　）
7 国によって文化が**コトナル**。（　）
8 注意して事故を**フセグ**。（　）
9 出発の予定が一日**ノビル**。（　）
10 サルがおりの中で**アバレル**。（　）

3 漢字の読みには音と訓があります。次の熟語（じゅくご）の読みは□の中のどの組み合わせになっていますか。ア〜エの記号で答えなさい。

ア 音と音　イ 音と訓
ウ 訓と訓　エ 訓と音

1 味方（みかた）（　）
2 仏様（ほとけさま）（　）
3 映写（えいしゃ）（　）
4 格安（かくやす）（　）
5 布製（ぬのせい）（　）
6 胃酸（いさん）（　）
7 番組（ばんぐみ）（　）
8 場面（ばめん）（　）
9 沿線（えんせん）（　）
10 厚着（あつぎ）（　）

4 次の——線のカタカナを漢字になおしなさい。

1 **チイキ**の美化に努める。
2 民意を政治に**ハンエイ**させる。
3 **ウ**宙(ちゅう)旅行の夢がふくらむ。
4 美術展(てん)で**イコク**の文化にふれる。
5 二日間で**ノ**べ十万人の人出だ。
6 この寺院は貴重(きちょう)な世界**イサン**だ。
7 小型船で**エンガン**漁業を行う。
8 **イ**や腸(ちょう)の働きが活発になる。
9 試合は**エンチョウ**戦に入る。
10 道路に**ソ**って松林が続く。
11 兄とは意見を**コト**にする。
12 モニターに資料を**ウツ**し出す。

月 日
月 日
月 日

1	2	3	4		
／12	／10	／10	（）／12	〈〉／12	〔〕／12

漢字練習ノートは別冊4ページにあります

ステップ 2

漢字	読み（音）	読み（訓）	画数	部首	部首名	漢字の意味	用例	筆順
恩	オン	—	10	心	こころ	情け(なさ)をかける・いつくしみ	恩返し(おんがえし)・恩義(おんぎ)・恩恵(おんけい)・恩師(おんし)・恩人(おんじん)・洪恩(こうおん)・謝恩(しゃおん)	恩 恩 恩 恩 恩 恩 恩 恩 恩 恩
我	ガ[中]	われ わ[中]	7	戈	ほこづくり ほこがまえ	自分・わがまま	我田引水(がでんいんすい)・我流(がりゅう)・忘我(ぼうが)・我慢(がまん)・我(われ)に返(かえ)る・我(わ)が家(や)	我 我 我 我 我 我 我
灰	カイ[中]	はい	6	火	ひ	もえがら・ねずみ色	灰白色(かいはくしょく)・石灰(せっかい)・灰色(はいいろ)・灰皿(はいざら)・灰墨(はいずみ)・火山灰(かざんばい)・粉灰(こっぱい)	灰 灰 灰 灰 灰 灰
拡	カク	—	8	扌	てへん	ひろげる・ひろがる	拡散(かくさん)・拡声器(かくせいき)・拡充(かくじゅう)・拡大(かくだい)・拡張(かくちょう)・拡幅(かくふく)・軍拡(ぐんかく)	拡 拡 拡 拡 拡 拡 拡 拡
革	カク	かわ[中]	9	革	かくのかわ つくりがわ	なめしがわ・あらためる・変える	革新(かくしん)・革命(かくめい)・沿革(えんかく)・改革(かいかく)・皮革(ひかく)・変革(へんかく)・革靴(かわぐつ)	革 革 革 革 革 革 革 革 革
閣	カク	—	14	門	もんがまえ	高くてりっぱな建物・政治の中心	閣議(かくぎ)・閣僚(かくりょう)・組閣(そかく)・天守閣(てんしゅかく)・内閣(ないかく)・仏閣(ぶっかく)・楼閣(ろうかく)	閣 閣 閣 閣4 閣 閣8 閣 閣 閣 閣14
割	カツ[中]	わ(る) わり わ(れる) さ(く)[中]	12	刂	りっとう	分ける・刃物(はもの)でさく・比率	割愛(かつあい)・割拠(かっきょ)・分割(ぶんかつ)・割合(わりあい)・割引(わりびき)・役割(やくわり)・時間(じかん)を割(さ)く	割3 割 割 割 割 割 割 割 割 割
株	—	かぶ	10	木	きへん	株式・きりかぶ・草木を数える語	株式(かぶしき)・株式会社(かぶしきがいしゃ)・株主(かぶぬし)・株分(かぶわ)け・切(き)り株(かぶ)	株 株 株 株 株 株 株 株 株 株

月　日

ステップ 2

1 次の――線の漢字の読みをひらがなで書きなさい。

1 運動会当日の役割を決める。

2 応接室の灰皿の後始末をする。

3 劇（げき）で使う切り株をボール紙で作る。

4 天然の皮革を使用したかばんを買う。

5 画面を拡大させて見る。

6 天守閣にのぼると海が見える。

7 この絵は我ながら上手にかけた。

8 割れるような拍手（はくしゅ）にむかえられる。

9 クラス会で恩師と再会する。

10 京都には有名な神社や仏閣が多い。

11 保守と革新が対立する。

12 恩をあだで返す

同音異字

「拡」「革」「閣」はどれも「カク」と読みます。漢字の意味を覚えて使い分けましょう。

- 拡…ひろげる。ひろがる。→<例>拡大
- 革…あらためる。変える。→<例>革命
- 閣…高くてりっぱな建物。政治の中心。→<例>内閣

まだまだ「カク」と読む漢字はあります。調べてみましょう。

2 次の漢字の部首と部首名を後の［　　］の中から選び、記号で答えなさい。

〈例〉作〔う〕〔ク〕（部首・部首名）

1 灰〔　〕〔　〕
2 割〔　〕〔　〕
3 閣〔　〕〔　〕
4 我〔　〕〔　〕
5 拡〔　〕〔　〕

あ 弋　い 火　う 亻　え 口　お 戈
か 刂　き 門　く 扌　け 宀　こ 厂

ア ほこづくり・ほこがまえ　イ しきがまえ
ウ てへん　エ がんだれ
オ りっとう　カ うかんむり
キ ひ　ク にんべん
ケ もんがまえ　コ くち

3 次のカタカナの部分にあてはまる漢字を下から一字選んで書きなさい。

1 一**キョ**両得〔許・居・挙〕（　）
2 **カク**張工事〔拡・革・確〕（　）
3 文化**イ**産〔位・遺・異〕（　）
4 雨天順**エン**〔延・沿・演〕（　）
5 玉石**コン**交〔根・混・今〕（　）
6 自画自**サン**〔参・産・賛〕（　）
7 地**イキ**社会〔域・息・行〕（　）
8 政治改**カク**〔閣・拡・革〕（　）
9 大同小**イ**〔以・異・遺〕（　）
10 **エン**岸漁業〔沿・遠・延〕（　）

4 次の——線のカタカナを漢字になおしなさい。

1 **カブヌシ**として経営に参加する。（　　）
2 **オン**着せがましい物言いをする。（　　）
3 総理大臣が**ナイカク**を組織する。（　　）
4 行政の**カイカク**をおし進める。（　　）
5 空が**ハイイロ**の雲におおわれる。（　　）
6 大きな**ワリアイ**をしめる。（　　）
7 美しい夕日に**ワレ**をわすれる。（　　）
8 面積を二倍に**カクチョウ**する。（　　）
9 主君の**オンギ**に報（むく）いる。（　　）
10 優秀（ゆうしゅう）な人材をそろえ**ソカク**する。（　　）
11 大事なコップを**ワ**ってしまった。（　　）
12 花を増やすために**カブ**分けする。（　　）

月　日
月　日
月　日

		4	3	2	1
［　］ ／12	〈　〉 ／12	（　） ／12	／10	／5	／12

漢字練習ノートは別冊５ページにあります

ステップ 3

漢字	読み	画数	部首	部首名	漢字の意味	用例	筆順
干	音 カン 訓 ほ(す)・ひ(る)中	3	干	かん・いちじゅう	水がなくなる・かかわりをもつ・いくらか	干害(かんがい)・干潮(かんちょう)・干満(かんまん)・若干(じゃっかん)・干物(ひもの)・潮干狩り(しおひがり)・干し草(ほしくさ)	干 干 干
巻	音 カン 訓 ま(く)・まき	9	㔾	わりふ・ふしづくり	書物・まきもの・まく	巻末(かんまつ)・圧巻(あっかん)・巻き尺(まきじゃく)・巻紙(まきがみ)・巻物(まきもの)・舌を巻く(したをまく)	巻 巻 巻 巻 巻 巻 巻 巻 巻
看	音 カン 訓 ―	9	目	め	よくみる・みまもる	看過(かんか)・看護(かんご)・看守(かんしゅ)・看破(かんぱ)・看板(かんばん)・看病(かんびょう)	看 看 看 看 看 看 看 看 看
簡	音 カン 訓 ―	18	⺮	たけかんむり	書きしるすもの・手軽なこと	簡易(かんい)・簡潔(かんけつ)・簡素(かんそ)・簡単(かんたん)・簡便(かんべん)・簡略(かんりゃく)・書簡(しょかん)	簡7 簡 簡 簡 簡 簡 簡 簡 簡16 簡18
危	音 キ 訓 あぶ(ない)・あや(うい)中・あや(ぶむ)中	6	㔾	わりふ・ふしづくり	あぶない・不安に思う・きずつける	危機(きき)・危急(ききゅう)・危険(きけん)・安危(あんき)・危ない道(あぶないみち)・危うく助かる(あやうくたすかる)	危 危 危 危 危 危
机	音 キ中 訓 つくえ	6	木	きへん	つくえ	机上(きじょう)・机辺(きへん)・事務机(じむづくえ)・勉強机(べんきょうづくえ)	机 机 机 机 机 机
揮	音 キ 訓 ―	12	扌	てへん	ふるう・さしずする・まきちらす	揮発(きはつ)・指揮(しき)・実力発揮(じつりょくはっき)	揮 揮 揮 揮 揮 揮 揮8 揮10 揮 揮

月　　日

ステップ 3

1 次の——線の漢字の読みをひらがなで書きなさい。

1 今年は干害で米が不作だ。
2 算数の問題は簡単に解けた。
3 巻紙に筆で手紙を書きつける。
4 実力を発揮する機会を得る。
5 工事中の場所に入ると危ない。
6 ユリの花を生けて机の上に置く。
7 悪事を看過することはできない。
8 手編みのマフラーを首に巻く。
9 危急をなんとか切りぬける。
10 絵本の巻末には付録がついていた。
11 簡素な暮らしを好む。
12 残っていたお茶を一気に飲み干す。

画数の数え方

一つの漢字を組み立てている線や点の数を、画数といいます。画数は、漢字を組み立てている線や点をそれぞれ一画と数えます。このとき、「ひと続きに書く線」は、たとえ曲がっていても一画と数えることに注意しましょう。また、画数をまちがえないためには、正しい筆順で書くことが大切です。
<例>画数をまちがえやすい漢字…延（8画）・巻（9画）

2 次の（　）に「カン」と読む漢字を入れて熟語（じゅくご）を作りなさい。

1 小説を読んで（　）動する。
2 朝のジョギングを習（　）にする。
3 夕（　）が配達される。
4 歴史ある旅（　）にとまる。
5 （　）食にバナナを用意する。
6 多くの（　）客で席がうまる。
7 新（　）線の切符（きっぷ）を買う。
8 夜通し（　）病する。
9 （　）満の差が大きい。
10 胃は食べ物を消化する器（　）だ。

3 後の［　］の中のひらがなを漢字になおして、類義語（意味がよくにたことば）を書きなさい。［　］の中のひらがなは一度だけ使い、漢字一字を書きなさい。

1 地区―地（　）
2 空想―想（　）
3 任務―役（　）
4 動機―原（　）
5 改新―改（　）
6 指図―指（　）
7 同意―（　）成
8 家屋―住（　）
9 外国―（　）国
10 才能―素（　）

い・いき・いん・かく・き・きょ・さん・しつ・ぞう・わり

4 次の――線のカタカナを漢字になおしなさい。

1 電話で用件を**カンケツ**に話す。
2 **マキガミ**にお礼を書きつける。
3 冬山は、なだれの**キケン**がある。
4 先頭に立って集団を**シキ**する。
5 天気がよいのでふとんを**ホ**す。
6 **ツクエ**の上をかたづける。
7 母が病気の祖母を**カンゴ**する。
8 彼女(かのじょ)の歌声は**アッカン**だった。
9 **カン**潮(ちょう)の時刻(じこく)を調べる。
10 黄色い**カンバン**がよく目立つ。
11 映写後にフィルムを**マ**きもどす。
12 **アブ**ない橋も一度はわたれ

（ ） 月 日
〈 〉 月 日
［ ］ 月 日

			4	3	2	1
	［ ］ ／12	〈 〉 ／12	（ ） ／12	／10	／10	／12

漢字練習ノートは別冊6ページにあります

ステップ 4

漢字	読み	画数	部首	部首名	漢字の意味	用例	筆順
貴	音 キ 訓 たっと(い)中 とうと(い)中 たっと(ぶ)中 とうと(ぶ)中	12	貝	かい こがい	身分が高い・価値がある・尊敬を表す語	貴族・貴重・貴賓室・高貴・騰貴・富貴	貴
疑	音 ギ 訓 うたが(う)	14	疋	ひき	うたがわしく思う	疑念・疑問・疑惑・質疑・半信半疑・耳を疑う	疑
吸	音 キュウ 訓 す(う)	6	口	くちへん	息などをすいこむ・すいとる・すいつく	吸引・吸収・吸水・吸入・呼吸・吸い物・息を吸う	吸
供	音 キョウ ク高 訓 そな(える) とも	8	亻	にんべん	そなえる・差し出す・わけを話す	供給・試供品・提供・供物・供え物・お供・子供	供
胸	音 キョウ 訓 むね むな中	10	月	にくづき	むね・心の中	胸囲・胸中・度胸・胸騒ぎ・胸元・胸を打つ	胸
郷	音 キョウ ゴウ中 訓 —	11	阝	おおざと	生まれ育った土地・いなか・場所・ところ	郷愁・郷土・郷里・帰郷・故郷・望郷・郷士・近郷	郷
勤	音 キン ゴン高 訓 つと(める) つと(まる)	12	力	ちから	はたらく・心をこめて努力する	勤勉・勤務・勤労・皆勤・出勤・勤行・勤め先	勤

月　日

ステップ 4

1 次の――線の漢字の読みをひらがなで書きなさい。

1 病院で酸素吸入の処置（しょち）を受けた。

2 期待に胸をふくらませて入学する。

3 長年同じ職場に勤めている。

4 駅まで祖父のお供をする。

5 海外旅行で貴重な体験をした。

6 講演後に質疑応答の時間がある。

7 列車は帰郷する人でいっぱいだ。

8 父は毎朝八時に出勤する。

9 兄は度胸のすわった人だ。

10 清らかな朝の空気を吸いこむ。

11 むやみに人を疑ってはいけない。

12 郷土料理の作り方を教わる。

形の似ている漢字①

形が似ている漢字は、その漢字が持つ意味を考えて使い分けましょう。

- 沿…長いものにそう。→<例>沿岸・沿道
- 浴…湯・水・光などをあびる。→<例>浴室・入浴

- 吸…すいこむ。すいとる。→<例>吸引・吸血
- 級…順序。程度。クラス。→<例>級友・学級

2 次の漢字の太い画のところは筆順の何画目か、また総画数は何画か、算用数字（1、2、3…）で答えなさい。

〈例〉定（5）〔8〕（何画目）（総画数）

1 吸（　）〔　〕
2 我（　）〔　〕
3 胸（　）〔　〕
4 灰（　）〔　〕
5 郷（　）〔　〕
6 巻（　）〔　〕
7 貴（　）〔　〕
8 延（　）〔　〕
9 勤（　）〔　〕
10 胃（　）〔　〕

3 次の漢字と同じような意味の漢字を、後の□の中から選んで（　）に入れ、熟語（じゅくご）を作りなさい。

1 表（　）
2 破（　）
3 映（　）
4 永（　）
5 禁（　）
6 包（　）
7 豊（　）
8 付（　）
9 勤（　）
10 肥（　）

損・着・富・満・現・止・久・務・囲・写

4 次の――線のカタカナを漢字になおしなさい。

1 説明を聞いて**ギモン**が解けた。（　）

2 友人に**ムネ**のうちを語る。（　）

3 お月様に団子を**ソナ**える。（　）

4 **キンベン**な態度を評価される。（　）

5 **キョウリ**の友人と再会した。（　）

6 スポンジはよく水を**ス**う。（　）

7 保健室で**キョウイ**を測る。（　）

8 掃除機（そうじ）の**キュウイン**力を上げる。（　）

9 温かい食事を**テイキョウ**する。（　）

10 姉は市役所に**ツト**め始めた。（　）

11 平安朝の**キゾク**の生活を調べる。（　）

12 七度（ななたび）たずねて人を**ウタガ**え（　）

月　日　〈　〉

月　日　［　］

月　日

			4	3	2	1
	［ ］ ／12	〈 〉 ／12	（ ） ／12	／10	／10	／12

漢字練習ノートは別冊7ページにあります

ステップ 5

漢字	読み	画数	部首	部首名	漢字の意味	用例	筆順
筋	音 キン 訓 すじ	12	⺮	たけかんむり	からだの中のすじ・物事のあらまし	筋肉（きんにく）・鉄筋（てっきん）・筋書（すじが）き・筋道（すじみち）・首筋（くびすじ）・背筋（はいきん）（せすじ）・本筋（ほんすじ）	筋 筋 筋 筋 筋6 筋 筋 筋10 筋 筋
系	音 ケイ 訓 ――	7	糸	いと	つながり・つながりをもった分類	系図（けいず）・系統（けいとう）・系譜（けいふ）・系列（けいれつ）・家系（かけい）・太陽系（たいようけい）・直系（ちょっけい）	系 系 系 系 系 系 系
敬	音 ケイ 訓 うやま(う)	12	攵	のぶん ぼくづくり	うやまう	敬語（けいご）・敬服（けいふく）・敬慕（けいぼ）・敬老（けいろう）・崇敬（すうけい）・尊敬（そんけい）・相手（あいて）を敬（うやま）う	敬 敬3 敬 敬 敬7 敬 敬 敬 敬 敬
警	音 ケイ 訓 ――	19	言	げん	用心させる・まもる・すぐれた知恵（ちえ）	警官（けいかん）・警護（けいご）・警告（けいこく）・警察（けいさつ）・警備（けいび）・暴風警報（ぼうふうけいほう）・自警（じけい）	警 警3 警 警 警8 警10 警 警 警14 警19
劇	音 ゲキ 訓 ――	15	刂	りっとう	しばい・はげしい	劇場（げきじょう）・劇痛（げきつう）・劇薬（げきやく）・演劇（えんげき）・歌劇（かげき）・観劇（かんげき）・喜劇（きげき）・悲劇（ひげき）	劇 劇 劇 劇 劇6 劇8 劇 劇11 劇13 劇15
激	音 ゲキ 訓 はげ(しい)	16	氵	さんずい	はげしい・はげます・たかぶる	激減（げきげん）・激戦（げきせん）・激突（げきとつ）・過激（かげき）・感激（かんげき）・刺激（しげき）・激（はげ）しい雨（あめ）	激3 激6 激8 激10 激 激 激 激 激 激
穴	音 ケツ 中 訓 あな	5	穴	あな	あな・地面などのくぼんだところ	穴居（けっきょ）・虎穴（こけつ）・墓穴（ぼけつ）・穴埋（あなう）め・穴場（あなば）・鍵穴（かぎあな）・節穴（ふしあな）	穴 穴 穴 穴 穴
券	音 ケン 訓 ――	8	刀	かたな	ふだ・きっぷ	券売機（けんばいき）・乗車券（じょうしゃけん）・定期券（ていきけん）・入場券（にゅうじょうけん）・旅券（りょけん）	券 券 券 券 券 券 券 券

月　日

ステップ 5

1 次の――線の漢字の読みをひらがなで書きなさい。

1 激戦の末、一点差で勝利する。
2 相手を敬う心を大切にする。
3 昨夜は激しい雨の音になやまされた。
4 戦争のもたらす悲劇は数え切れない。
5 明日の試合の入場券を買う。
6 これはバスの運転系統を示す図だ。
7 年末に向かって町の警備を強める。
8 本を読んで話の筋をまとめる。
9 劇場は満員の観客でにぎわった。
10 熊は穴の中で冬ごもりをする。
11 筋肉質でたくましい体をしている。
12 目上の人には敬語を使って話す。

筆順について①

筆順は、字全体が正しく、整った形に自然に書けるように、長い間にできあがったものです。次に主なきまりを挙げます。

❶上から下へ書いていく。　立→ 丶 亠 亣 立 立

❷左から右へ書いていく。　川→ 丿 川 川

❸横画を先に書く。　十→ 一 十

<例外>縦画(たてかく)を先に書く字…田・由など　(筆順について②に続く。)

2 後の[ ]の中から漢字を選んで、次の意味にあてはまる熟語(じゅくご)を作りなさい。答えは記号で書きなさい。

〈例〉本をよむこと。（読書）（セ・ス）

1 はっきりせず、うたがわしいこと。（　・　）
2 まじめに仕事などにはげむ様子。（　・　）
3 量などが急にひどくへること。（　・　）
4 病人などの手当てや世話をすること。（　・　）
5 人々に注意をよびかける知らせ。（　・　）
6 短くてよくまとまっていること。（　・　）

ア 護　イ 減　ウ 潔　エ 疑　オ 勤
カ 報　キ 看　ク 勉　ケ 問　コ 簡
サ 激　シ 警　ス 書　セ 読

3 次の（　）に「キ」と読む漢字を書き入れて熟語(じゅく)(ご)を作りなさい。

1 この建造物は（　）元前に造られた。
2 平安時代の（　）族について調べる。
3 会長が四年の任（　）を終える。
4 四（　）折々の花を楽しむ。
5 （　）本となる動作を学ぶ。
6 多額の（　）付金が集まる。
7 （　）則正しい生活を心がける。
8 数万の大軍を指（　）する。
9 （　）険な場所には近づかない。
10 夏休みに母の実家に（　）省する。

4 次の——線のカタカナを漢字になおしなさい。

1 この川は魚つりの**アナバ**だ。
2 通学用の定期**ケン**を買う。
3 地球は太陽**ケイ**に属する。
4 審判(しんぱん)から**ケイコク**を受けた。
5 **ケイロウ**の日をみんなで祝う。
6 **カンゲキ**のなみだを流す。
7 先祖を**ウヤマ**い、墓参りをする。
8 新しい**テッキン**の校舎が建った。
9 表通りは人の往来が**ハゲ**しい。
10 **ケイサツ**官が町内を見回る。
11 きちんと**スジミチ**を立てて話す。
12 **ゲキ**の配役を決定する。

1 （　） 2 （　） 3 （　） 4 （　） 5 （　） 6 （　） 7 （　） 8 （　） 9 （　） 10 （　） 11 （　） 12 （　）
月　日

1 〈　〉 2 〈　〉 3 〈　〉 4 〈　〉 5 〈　〉 6 〈　〉 7 〈　〉 8 〈　〉 9 〈　〉 10 〈　〉 11 〈　〉 12 〈　〉
月　日

1 〔　〕 2 〔　〕 3 〔　〕 4 〔　〕 5 〔　〕 6 〔　〕 7 〔　〕 8 〔　〕 9 〔　〕 10 〔　〕 11 〔　〕 12 〔　〕
月　日

1	2	3	4		
／12	／6	／10	（　）／12	〈　〉／12	〔　〕／12

ステップ 1－5

力だめし

第1回

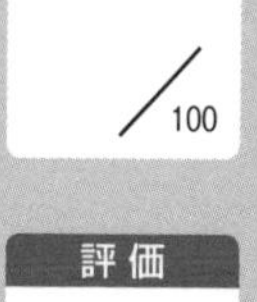

総得点 /100

月　日

1 次の――線の漢字の読みをひらがなで書きなさい。

2×10 /20

1 姉は青系統の服が似合う。
2 歩行者通路を拡張する。
3 相手の胸中を察する。
4 簡便な検査方法を用いた。
5 牛が干し草を食べる。
6 母の生まれ故郷へ行く。
7 穴のあくほど絵を見つめる。
8 墓前に食べ物を供える。
9 机の上を整理する。
10 子を持って知る親の恩

2 漢字の読みには音と訓があります。次の熟語(じゅくご)の読みは□の中のどの組み合わせになっていますか。ア〜エの記号で答えなさい。

2×10 /20

ア 音と音　イ 音と訓
ウ 訓と訓　エ 訓と音

1 番付
2 夕刊
3 割引
4 警護
5 手製
6 台所
7 灰皿
8 演劇
9 重箱
10 看病

3 次のカタカナを漢字になおし、一字だけ書きなさい。

3×5 ／15

1 **カブ**式会社
2 **イ**口同音
3 世界**イ**産
4 技術**カク**新
5 通学区**イキ**

4 次の——線のカタカナの部分を漢字一字と送りがな（ひらがな）になおしなさい。

3×5 ／15

〈例〉クラブのきまりを**サダメル**。（定める）

1 冷たい風が**ココロヨイ**。
2 あらぬ**ウタガイ**をかけられる。
3 出場者を会場に**ミチビク**。
4 試合の様子がテレビに**ウツル**。
5 父は旅館を**イトナン**でいる。

5 次の——線のカタカナを漢字になおしなさい。

3×10 ／30

1 オーケストラの**シキ**をする。
2 水をかけられて**ワレ**に返る。
3 風が**ハゲ**しさを増す。
4 最後まで**スジ**を通す。
5 朝早く会社に**シュッキン**する。
6 薬局で**イ**腸（ちょう）の薬を買う。
7 歩道に**ソ**って木を植える。
8 **エンメイ**のための処置（しょち）をとる。
9 **キチョウ**な時間をいただく。
10 **アブ**ない局面を切りぬける。

クイズであそぼ！ 1

□に入る漢字で四字の熟語を作ろう。

〈横のヒント〉

①気を失うこと。

②注文を受けた料理をとどけること。

〈縦のヒント〉

一、毎日、吸っているもの。

二、いちばん終わり。

答えは 別冊標準解答 20 ページ

クイズであそぼ！ 2

漢字の画数の合計が、縦、横、ななめですべて同じになるように、（　　）から漢字を選んで書こう。

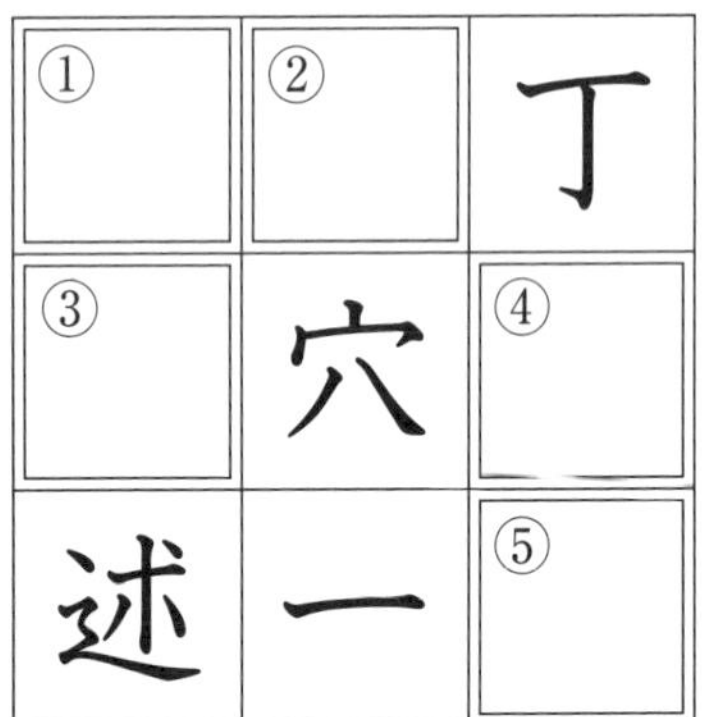

（ 我　胸　干　人
革　拡　机　引 ）

答えは 別冊標準解答 20 ページ

漢字練習ノートは別冊８ページにあります

ステップ 6

漢字	読み	画数	部首	部首名	漢字の意味	用例	筆順
絹	音 ケン 高 訓 きぬ	13	糸	いとへん	きぬ糸・きぬ糸で織った布	絹布(けんぷ)・人絹(じんけん)・絹糸(きぬいと)・絹地(きぬじ)・絹製(きぬせい)・薄絹(うすぎぬ)	
権	音 ケン ゴン 高 訓 ―	15	木	きへん	ちから・いきおい・正当な資格	権限(けんげん)・権利(けんり)・実権(じっけん)・主権(しゅけん)・人権(じんけん)・著作権(ちょさくけん)・特権(とっけん)・権化(ごんげ)	
憲	音 ケン 訓 ―	16	心	こころ	もとになる法律(ほうりつ)・おきて・地位ある役人	憲章(けんしょう)・憲政(けんせい)・憲兵(けんぺい)・憲法(けんぽう)・違憲(いけん)・官憲(かんけん)・合憲(ごうけん)・立憲(りっけん)	
源	音 ゲン 訓 みなもと	13	氵	さんずい	水の流れ出るもと・物事のはじまり	源泉(げんせん)・源流(げんりゅう)・起源(きげん)・水源(すいげん)・電源(でんげん)・天然資源(てんねんしげん)・川の源(かわのみなもと)	
厳	音 ゲン ゴン 高 訓 きび(しい) おごそ(か) 中	17	⺍	つかんむり	きちっとさせる・おごそか・いかめしい	厳格(げんかく)・厳禁(げんきん)・威厳(いげん)・荘厳(そうごん)・厳か(おごそか)な声(こえ)・暑(あつ)さが厳(きび)しい	
己	音 コ キ 中 訓 おのれ 中	3	己	おのれ	自分	自己(じこ)・利己(りこ)・克己(こっき)・知己(ちき)・己(おのれ)を知(し)る	
呼	音 コ 訓 よ(ぶ)	8	口	くちへん	息をはく・名づける・よびかける	呼応(こおう)・呼吸(こきゅう)・点呼(てんこ)・連呼(れんこ)・呼(よ)び物(もの)・助(たす)けを呼(よ)ぶ	

月　日

ステップ 6

1 次の――線の漢字の読みをひらがなで書きなさい。

1 一九五一年に児童憲章が制定された。
2 学級会で人権の大切さを話し合う。
3 審査（しんさ）には厳格な基準がある。
4 出発前に点呼を取る。
5 アイロンの使用後は必ず電源を切る。
6 良質の絹織物を輸出する。
7 利己的な考えを持たないようにする。
8 この川の源は日本アルプスだ。
9 北国は厳しい寒波におそわれた。
10 遠くから友達の呼ぶ声が聞こえる。
11 だれもが教育を受ける権利を持つ。
12 日本では立憲政治が行われている。

筆順について②

❹中の画を先に書く。　水→亅オ才水
<例外>中の画を後に書く字…火・「りっしんべん」の字（情など）
❺外側の囲みを先に書く。　国→丨冂国国
<例外>外側の囲みを後に書く字…区・医など
❻左はらいを先に書く。　文→丶亠ナ文
❼つらぬく縦画（たてかく）は最後に書く。　中→丨口口中

2 後の［　］の中のひらがなを漢字になおして、類義語（意味がよくにたことば）を書きなさい。［　］の中のひらがなは一度だけ使い、漢字一字を書きなさい。

1 帰省―帰（　）
2 質問―質（　）
3 感動―感（　）
4 分野―領（　）
5 容易―（　）単
6 反対―（　）議
7 自分―自（　）
8 永遠―永（　）
9 大切―貴（　）
10 役目―（　）務

い・いき・かん・ぎ・きゅう・きょう・げき・こ・ちょう・にん

3 次の（　）にあてはまる語を後の［　］の中から選び、四字の熟語（じゅくご）を作りなさい。［　］の中の語は一度しか使えません。

1 暴風（　　）
2 天然（　　）
3 時間（　　）
4 実力（　　）
5 酸素（　　）
6 自然（　　）
7 半信（　　）
8 心機（　　）
9 言語（　　）
10 意識（　　）

遺産・一転・改革・吸入・警報・厳守・資源・道断・発揮・半疑

4 次の――線のカタカナを漢字になおしなさい。

1 石油や石炭は大切な**シゲン**だ。
2 貴族が政治の**ジッケン**をにぎる。
3 構内での遊びを**ゲンキン**する。
4 **トッケン**階級が富を独占(どくせん)する。
5 魚はえらで**コキュウ**する。
6 **キヌ**の手ざわりはやわらかだ。
7 三月まで**キビ**しい寒さが続く。
8 五月三日は**ケンポウ**記念日だ。
9 平泳ぎで**ジコ**の記録をのばす。
10 **キヌイト**でししゅうをする。
11 谷川の**ミナモト**にたどりついた。
12 類は友を**ヨ**ぶ

月 日 月 日 月 日

1	2	3	4		
/12	/10	/10	/12	/12	/12

漢字練習ノートは別冊９ページにあります

ステップ 7

漢字	読み	画数	部首	部首名	漢字の意味	用例	筆順
誤	音 ゴ 訓 あやま(る)	14	言	ごんべん	まちがえる・まちがい	誤解(ごかい)・誤差(ごさ)・誤診(ごしん)・誤答(ごとう)・誤報(ごほう)・正誤(せいご)・道(みち)を誤(あやま)る	誤 誤 誤 誤 誤 誤 誤 誤 誤 誤
后	音 コウ 訓 —	6	口	くち	天子(てんし)の妻・きさき	后妃(こうひ)・皇后(こうごう)・皇太后(こうたいごう)	后 后 后 后 后 后
孝	音 コウ 訓 —	7	子	こ	父母によく仕えること	孝行(こうこう)・孝養(こうよう)・忠孝(ちゅうこう)・不孝(ふこう)	孝 孝 孝 孝 孝 孝 孝
皇	音 コウ・オウ 訓 —	9	白	しろ	君主・天子・天皇の	皇位(こうい)・皇居(こうきょ)・皇后(こうごう)・皇族(こうぞく)・皇帝(こうてい)・上皇(じょうこう)・天皇(てんのう)・法皇(ほうおう)	皇 皇 皇 皇 皇 皇 皇 皇 皇
紅	音 コウ・ク[中] 訓 べに・くれない[中]	9	糸	いとへん	赤い色・女の人	紅茶(こうちゃ)・紅潮(こうちょう)・紅白(こうはく)・紅葉(こうよう/もみじ)・真紅(しんく)・紅花(べにばな)・口紅(くちべに)・紅(くれない)の空(そら)	紅 紅 紅 紅 紅 紅 紅 紅 紅
降	音 コウ 訓 お(りる)・お(ろす)・ふ(る)	10	阝	こざとへん	おりる・空からふる・負けてしたがう	降下(こうか)・降車(こうしゃ)・以降(いこう)・乗降(じょうこう)・本降(ほんぶ)り・車(くるま)から降(お)りる	降 降 降 降 降 降 降 降 降 降
鋼	音 コウ 訓 はがね[中]	16	金	かねへん	はがね・かたくきたえた鉄	鋼材(こうざい)・鋼鉄(こうてつ)・製鋼(せいこう)・鉄鋼(てっこう)・鋼(はがね)のような体(からだ)	鋼 鋼(4) 鋼 鋼(8) 鋼 鋼 鋼(12) 鋼 鋼 鋼

月　日

ステップ 7

1 次の――線の漢字の読みをひらがなで書きなさい。

1 応接間から紅茶の香りがする。
2 昨日より気温が降下している。
3 日本は製鋼技術がすぐれている。
4 取引先に誤った情報が伝わる。
5 電車を降りて目的地まで歩く。
6 両親に孝養をつくす。
7 この鏡は皇后の愛用品だった。
8 紅花から油を採取する。
9 午後から雨が本降りになってきた。
10 誤解されないようにくわしく話す。
11 後白河（ごしらかわ）法皇は院政を行った人物だ。
12 鋼鉄のような固い意志を持つ。

筆順について③

筆順について①・②で、筆順の主なきまりを挙げましたが、例外もありましたね。筆順をまちがえやすい漢字には次のようなものがあります。一つ一つ確実に覚えましょう。

・我…「戈」の部分は「丶」が最後です。
・革…つらぬく縦画（たてかく）が最後です。
・厳…「⺍」の部分は中の画からではなく、左から右へ。

2 次の――線のカタカナの部分を漢字一字と送りがな（ひらがな）になおしなさい。

〈例〉クラブのきまりを**サダメル**。（定める）

1 お皿の**ワレル**音がした。（　　）
2 暑さが**キビシク**なった。（　　）
3 父や母を**ウヤマウ**。（　　）
4 荷台から荷物を**オロス**。（　　）
5 仏だんに花を**ソナエル**。（　　）
6 相手の言葉を**ウタガウ**。（　　）
7 **ケワシイ**山を登る。（　　）
8 **アブナイ**ことはしない。（　　）
9 車が**ハゲシク**行きかう。（　　）
10 父は県庁（けんちょう）に**ツトメル**。（　　）

3 漢字の読みには音と訓があります。次の熟語（じゅくご）の読みは□の中のどの組み合わせになっていますか。ア～エの記号で答えなさい。

ア 音と音　イ 音と訓
ウ 訓と訓　エ 訓と音

1 孝行（こうこう）（　　）
2 残高（ざんだか）（　　）
3 口紅（くちべに）（　　）
4 手配（てはい）（　　）
5 道順（みちじゅん）（　　）
6 系統（けいとう）（　　）
7 試合（しあい）（　　）
8 誤答（ごとう）（　　）
9 節穴（ふしあな）（　　）
10 首筋（くびすじ）（　　）

4 次の――線のカタカナを漢字になおしなさい。

1 文字の書き**アヤマ**りを直す。
2 バスの**コウシャ**ボタンをおす。
3 **コウゴウ**の会見が行われた。
4 会場に**コウハク**のまくを張る。
5 **コウキョ**の周りを散歩する。
6 委員長の役職を**オ**りる。
7 **テンノウ**は日本国の象徴（しょうちょう）である。
8 **ベニ**しょうがを皿に分ける。
9 船体に用いる**コウザイ**を運ぶ。
10 昨日の臨時（りんじ）ニュースは**ゴホウ**だった。
11 親**フコウ**な行動を注意する。
12 雨**フ**って地固まる

（ ） 月 日 （ ）
〈 〉 月 日 〈 〉
［ ］ 月 日 ［ ］

［ ］ ／12	〈 〉 ／12	**4** （ ） ／12	**3** ／10	**2** ／10	**1** ／12

漢字練習ノートは別冊 10 ページにあります

ステップ 8

漢字	読み	画数	部首	部首名	漢字の意味	用例	筆順
刻	音 コク 訓 きざ(む)	8	刂	りっとう	刃物(はもの)でほる・とき・きざむ・きびしい	刻苦勉励(こっくべんれい)・時刻(じこく)・深刻(しんこく)・定刻(ていこく)・小刻(こきざ)み・胸(むね)に刻(きざ)む	刻 刻 刻 刻 刻 刻 刻 刻
穀	音 コク 訓 ―	14	禾	のぎへん	イネ・ムギなど主食となる植物	穀物倉庫(こくもつそうこ)・五穀(ごこく)・雑穀(ざっこく)・脱穀(だっこく)・米穀(べいこく)	穀 穀(3) 穀(5) 穀 穀 穀(10) 穀 穀 穀 穀
骨	音 コツ 訓 ほね	10	骨	ほね	ほね・物事の中心になるもの・からだ	骨格(こっかく)・骨子(こっし)・真骨頂(しんこっちょう)・複雑骨折(ふくざつこっせつ)・骨身(ほねみ)・骨折(ほねお)り	骨 骨 骨 骨 骨 骨 骨 骨 骨 骨
困	音 コン 訓 こま(る)	7	囗	くにがまえ	こまる・くるしむ	困苦(こんく)・困難(こんなん)・困惑(こんわく)・貧困(ひんこん)・困(こま)り果(は)てる・返事(へんじ)に困(こま)る	困 困 困 困 困 困 困
砂	音 サ・シャ[中] 訓 すな	9	石	いしへん	すな・すなのようなこまかいつぶ	砂鉄(さてつ)・砂糖(さとう)・砂防林(さぼうりん)・土砂降(どしゃぶ)り・砂山(すなやま)・砂利(じゃり)	砂 砂 砂 砂 砂 砂 砂 砂 砂
座	音 ザ 訓 すわ(る)[中]	10	广	まだれ	すわる・地位・人の集まり	座高(ざこう)・座席(ざせき)・王座(おうざ)・星座(せいざ)・座(すわ)りこむ	座 座 座 座 座 座 座 座 座 座
済	音 サイ 訓 す(む)・す(ます)	11	氵	さんずい	かたをつける・すくう・たすける	救済(きゅうさい)・経済(けいざい)・返済(へんさい)・宿題(しゅくだい)が済(す)む・食事(しょくじ)を済(す)ます	済 済(2) 済 済 済 済 済 済 済 済

月　日

ステップ 8

1 次の――線の漢字の読みをひらがなで書きなさい。

1 坂道で転んで手首を骨折した。

2 母は台所で玉ねぎを刻んでいる。

3 海岸沿いに砂防林がある。

4 電車でお年寄りに座席をゆずった。

5 兄は大学で経済について学んでいる。

6 雑穀の栄養価について調べる。

7 祖父は困苦にたえて成功した。

8 子どもたちが砂山を作って遊ぶ。

9 小魚を食べて骨をじょうぶにする。

10 水質の悪化が深刻な問題だ。

11 旅先で吹雪(ふぶき)にあって困り果てた。

12 宿題を済ませてからテレビを見る。

漢字の成り立ち①

漢字は成り立ちから次の四つに分類されます。

❶象形(しょうけい)文字…物の形をかたどった絵文字。

<例>山・川・目・牛・貝・鳥・門・子

❷指事(しじ)文字…形のないものを、線や印を用いて表した文字。

<例>一・二・三・上・下・本・末

（漢字の成り立ち②に続く。）

2

次の漢字と反対や対になる意味の漢字を、後の□の中から選んで（　）に入れ、熟語を作りなさい。

1 （　）満
2 得（　）
3 （　）来
4 （　）白
5 乗（　）
6 新（　）
7 （　）散
8 損（　）
9 増（　）
10 （　）落

益・干・旧・去・減・紅・降・失・集・当

3

後の□の中のひらがなを漢字になおして、対義語（意味が反対や対になることば）を書きなさい。□の中のひらがなは一度だけ使い、漢字一字を書きなさい。

1 激減―激（　）
2 正常―（　）常
3 河口―水（　）
4 複雑―（　）単
5 保守―（　）新
6 義務―（　）利
7 安全―（　）険
8 順風―（　）風
9 応答―質（　）
10 借用―（　）済

い・かく・かん・き・ぎ・ぎゃく・けん・げん・ぞう・へん

4 次の――線のカタカナを漢字になおしなさい。

1 風でかさの**ホネ**が折れた。
2 犯罪の被害（ひがい）者を**キュウサイ**する。
3 **コン**難（なん）な問題を解決する。
4 気が**ス**むまで事件を調べる。
5 土から**サテツ**だけを採取する。
6 天の川の南にさそり**ザ**が見える。
7 建物の**コッカク**ができあがる。
8 楽しい思い出を心に**キザ**む。
9 車が**スナ**ぼこりを上げて走る。
10 電車が**ジコク**通りに出発する。
11 **コクモツ**の輸入会社に勤める。
12 **コマ**ったときの神だのみ

（　）（　）（　）（　）（　）（　）（　）（　）（　）（　）（　）（　）

月　日

〈　〉〈　〉〈　〉〈　〉〈　〉〈　〉〈　〉〈　〉〈　〉〈　〉〈　〉〈　〉

月　日

［　］［　］［　］［　］［　］［　］［　］［　］［　］［　］［　］［　］

月　日

1	2	3	4		
／12	／10	／10	（　）／12	〈　〉／12	［　］／12

漢字	読み	画数	部首	部首名	漢字の意味	用例	筆順
裁	音 サイ 訓 さば(く) た(つ) 中	12	衣	ころも	布をたちきる・判定をくだす・ようす	裁断(さいだん)・裁判(さいばん)・裁縫(さいほう)・制裁(せいさい)・洋裁(ようさい)・裁ち物(たちもの)・公平(こうへい)に裁(さば)く	裁 裁 裁 裁 裁 裁 裁 裁 裁 裁
策	音 サク 訓 ―	12	⺮	たけかんむり	はかりごと・やりかた・つえ	策謀(さくぼう)・策略(さくりゃく)・散策(さんさく)・政策(せいさく)・対策(たいさく)・得策(とくさく)・万策(ばんさく)・秘策(ひさく)	策 策 策 策 策 策 策 策 策 策
冊	音 サツ サク 高 訓 ―	5	冂	どうがまえ けいがまえ まきがまえ	書物・字を書いたふだ・書物の数を表す語	冊子(さっし)・冊数(さっすう)・一冊(いっさつ)・数冊(すうさつ)・別冊(べっさつ)・短冊(たんざく)	冊 冊 冊 冊 冊
蚕	音 サン 訓 かいこ	10	虫	むし	カイコ	蚕糸(さんし)・蚕食(さんしょく)・養蚕(ようさん)・蚕(かいこ)のまゆ	蚕 蚕 蚕 蚕 蚕 蚕 蚕 蚕 蚕 蚕
至	音 シ 訓 いた(る)	6	至	いたる	行きつく・このうえない・行きつくした所	至急(しきゅう)・至近(しきん)・至当(しとう)・至難(しなん)・冬至(とうじ)・必至(ひっし)・山頂(さんちょう)に至(いた)る	至 至 至 至 至 至
私	音 シ 訓 わたくし わたし	7	禾	のぎへん	個人・民間・ひそか・こっそり・自分だけ	私語(しご)・私用(しよう)・私利私欲(しりしよく)・私立(しりつ・わたくしりつ)・公私(こうし)・私(わたくし・わたし)の兄(あに)	私 私 私 私 私 私 私
姿	音 シ 訓 すがた	9	女	おんな	すがた・からだつき	姿勢(しせい)・勇姿(ゆうし)・容姿(ようし)・絵姿(えすがた)・後ろ姿(うしろすがた)	姿 姿 姿 姿 姿 姿 姿 姿 姿

月　日

ステップ 9

1 次の――線の漢字の読みをひらがなで書きなさい。

1 授業中の私語はつつしむ。
2 選手の勇姿に声援（せいえん）を送る。
3 公園の至る所に花がさいている。
4 この本には別冊の付録がつく。
5 両者が和解し裁判が終わる。
6 私は急用で会社を休みました。
7 両方の言い分を聞き、公平に裁く。
8 蚕のまゆから絹糸が作られる。
9 この空模様（もよう）なら雨は必至だ。
10 大きな鏡に自分の後ろ姿を映す。
11 経済制裁を解除（かいじょ）する。
12 朝食前に公園を散策するのが日課だ。

漢字の成り立ち②

❸会意（かいい）文字…象形文字や指事文字を二つ以上組み合わせて、新しい意味を表した文字。
<例>孝（子が老人につかえる）

❹形声（けいせい）文字…意味（形）を表す文字と発音（声）を示す文字とを組み合わせて、新しい意味を表した文字。
<例>座＝广（意味＝家）＋坐（発音＝「ザ」）

2 漢字の読みには音と訓があります。次の熟語(じゅくご)の読みは［　］の中のどの組み合わせになっていますか。ア〜エの記号で答えなさい。

ア 音と音　イ 音と訓
ウ 訓と訓　エ 訓と音

1 冊数（　　）
2 絵姿（　　）
3 穴場（　　）
4 座高（　　）
5 養蚕（　　）
6 湯気（　　）
7 茶畑（　　）
8 巻紙（　　）
9 仕事（　　）
10 絹製（　　）

3 後の［　］の中から漢字を選んで、次の意味にあてはまる熟語(じゅくご)を作りなさい。答えは記号で書きなさい。

〈例〉本をよむこと。（読書）（セ・ス）

1 きびしくきちんとした様子。（　・　）
2 非常にいそぐこと。（　・　）
3 物を作り出すもとになるもの。（　・　）
4 さしずして人を動かすこと。（　・　）
5 借りたお金や品物をかえすこと。（　・　）
6 個人的なことがら。（　・　）

ア 用　イ 揮　ウ 厳　エ 私　オ 至
カ 指　キ 済　ク 源　ケ 格　コ 返
サ 急　シ 資　ス 書　セ 読

4 次の——線のカタカナを漢字になおしなさい。

1 **シセイ**を正して整列する。
2 八十歳(さい)の祖母は**イタ**って元気だ。
3 **コウシ**ともに順調な毎日を送る。
4 図書館で本を一**サツ**借りる。
5 **トウジ**の日にゆず湯に入る。
6 **ワタクシ**には妹が一人います。
7 **ヨウサン**農家は少なくなった。
8 雲間から太陽が**スガタ**を現す。
9 姉は**ヨウサイ**の学校に通う。
10 ごみ公害の**タイサク**を練る。
11 **カイコ**はクワの葉を食べて育つ。
12 人が人を**サバ**くのはむずかしい。

月　日
月　日
月　日

			4	3	2	1
	［ ］ ／12	〈 〉 ／12	（ ） ／12	／6	／10	／12

漢字練習ノートは別冊12ページにあります

ステップ 10

漢字	読み	画数	部首	部首名	漢字の意味	用例	筆順
視	音 シ 訓 —	11	見	みる	よく見る・…と見なす・そのように見る	視界（しかい）・視覚（しかく）・視察（しさつ）・視野（しや）・視力（しりょく）・巡視（じゅんし）・注視（ちゅうし）・無視（むし）	視 視 視 視 視 視 視8 視 視 視
詞	音 シ 訓 —	12	言	ごんべん	ことば・詩や文章・文法上の単語の分類	歌詞（かし）・作詞（さくし）・助詞（じょし）・誓詞（せいし）・品詞（ひんし）・名詞（めいし）・祝詞（のりと）	詞2 詞4 詞 詞 詞 詞 詞 詞 詞 詞
誌	音 シ 訓 —	14	言	ごんべん	書きしるす・書きしるしたもの・雑誌の略	誌面（しめん）・記念誌（きねんし）・月刊雑誌（げっかんざっし）・週刊誌（しゅうかんし）・学級日誌（がっきゅうにっし）	誌4 誌 誌 誌 誌 誌 誌 誌 誌 誌14
磁	音 ジ 訓 —	14	石	いしへん	じしゃく・やきもの	磁気（じき）・磁器（じき）・磁石（じしゃく）・磁針（じしん）・磁力（じりょく）・電磁波（でんじは）	磁 磁 磁5 磁8 磁 磁 磁 磁 磁 磁
射	音 シャ 訓 い(る)	10	寸	すん	弓で矢をいる・ねらう・光などが発する	注射（ちゅうしゃ）・直射日光（ちょくしゃにっこう）・発射（はっしゃ）・反射（はんしゃ）・的（まと）を射（い）る	射 射 射 射 射 射 射 射 射 射
捨	音 シャ 訓 す(てる)	11	扌	てへん	すてる・お金や品物を寄付する	喜捨（きしゃ）・四捨五入（ししゃごにゅう）・取捨（しゅしゃ）・切（き）り捨（す）て・ごみを捨（す）てる	捨 捨 捨 捨 捨 捨 捨 捨 捨10 捨
尺	音 シャク 訓 —	4	尸	かばね しかばね	ものさし・長さの単位	尺貫法（しゃっかんほう）・尺度（しゃくど）・尺八（しゃくはち）・一尺（いっしゃく）・縮尺（しゅくしゃく）・巻（ま）き尺（じゃく）	尺 尺 尺 尺

月　日

ステップ 10

1 次の――線の漢字の読みをひらがなで書きなさい。

1 大事なメモをうっかり捨ててしまう。

2 つゆの晴れ間、日の光が目を射る。

3 磁力の強いマグネットを作る。

4 尺八の音が静かに流れる。

5 ロケットの発射に成功する。

6 開校百年の記念誌が発行される。

7 多くの人の意見を取捨する。

8 海外旅行で視野を広げる。

9 この校歌は有名な詩人が作詞した。

10 誌面を刷新して読者を増やす。

11 首相（しゅしょう）が現場を視察する。

12 この機械は弱い電磁波を発する。

和語・国字・日本でできた漢語①

日本で作られた文字・言葉には次のものがあります。

❶和語…もともと日本にある言葉。ひらがなで書くものや、訓で読む漢字を用いたものがあります。

<例>これ・それ・ある・ない・ありがとう

やま（山）・かわ（川）・はは（母）・ちち（父）

（和語・国字・日本でできた漢語②に続く。）

2 次のカタカナの部分にあてはまる漢字を下から一字選んで書きなさい。

1 月刊雑**シ**〔誌・志・紙〕（　　）
2 四**シャ**五入〔射・捨・謝〕（　　）
3 絶**タイ**絶命〔対・体・態〕（　　）
4 条件反**シャ**〔写・捨・射〕（　　）
5 永久**ジ**石〔路・磁・地〕（　　）
6 公**シ**混同〔私・師・使〕（　　）
7 景気対**サク**〔作・策・昨〕（　　）
8 **キン**務時間〔勤・均・禁〕（　　）
9 **キョウ**土芸能〔胸・供・郷〕（　　）
10 信号無**シ**〔視・私・使〕（　　）

3 次の漢字の部首と部首名を後の□の中から選び、記号で答えなさい。

〈例〉作〔亻〕（ク）　部首　部首名

1 策〔　〕（　）
2 裁〔　〕（　）
3 異〔　〕（　）
4 誌〔　〕（　）
5 延〔　〕（　）

あ 土　い ⺮　う 亻　え 廴　お 戈
か 衣　き ネ　く 田　け 心　こ 言

ア ほこづくり・ほこがまえ　イ しめすへん
ウ ごんべん　エ えんにょう
オ つち　カ こころ
キ ころも　ク にんべん
ケ た　コ たけかんむり

4 次の——線のカタカナを漢字になおしなさい。

1 巻き**ジャク**で箱の大きさを測る。（　）（　）（　）
2 **ジシャク**で砂鉄を集める。（　）（　）（　）
3 お寺に財産の一部を**キシャ**する。（　）（　）（　）
4 病院で予防**チュウシャ**を受ける。（　）（　）（　）
5 森をぬけると**シカイ**が開けた。（　）（　）（　）
6 好きなうたの**カシ**を覚える。（　）（　）（　）
7 記者が的を**イ**た質問をする。（　）（　）（　）
8 日直が学級**ニッシ**を記入する。（　）（　）（　）
9 単語を**ヒンシ**に分類する。（　）（　）（　）
10 **キンシ**用の眼鏡を買った。（　）（　）（　）
11 **ザッシ**の編集者を志す。（　）（　）（　）
12 **ス**てる神あれば拾う神あり（　）（　）（　）

月　日　月　日　月　日

	［ ］	〈 〉	4 （ ）	3	2	1
	／12	／12	／12	／5	／10	／12

ステップ

6－10

力だめし

第2回

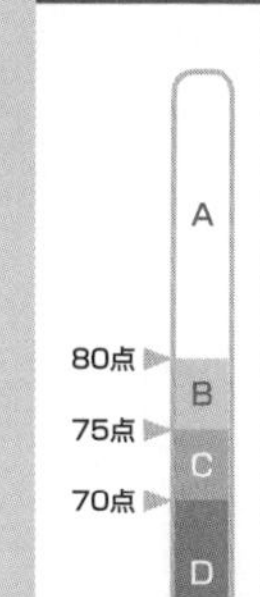

1 次の――線の漢字の読みをひらがなで書きなさい。

3×10 /30

1 夏の空の星座を調べる。（ ）
2 鉄鋼製品を輸出する。（ ）
3 地元の川の源流を歩く。（ ）
4 憲法の内容を理解する。（ ）
5 裁判官が判決文を読む。（ ）
6 深刻ななやみを打ち明ける。（ ）
7 事故で電車がおくれ困った。（ ）
8 鏡に太陽の光が反射する。（ ）
9 判断を誤らないよう注意する。（ ）
10 初雪や今行く里の見えて降る（ ）

2 漢字を二字組み合わせた熟語(じゅくご)では、二つの漢字の間に意味の上で、次のような関係があります。

2×10 /20

ア 反対や対(つい)になる意味の字を組み合わせたもの。（例…強弱）
イ 同じような意味の字を組み合わせたもの。（例…進行）
ウ 上の字が下の字の意味を説明(修飾(しゅうしょく))しているもの。（例…国旗）
エ 下の字から上の字へ返って読むと意味がよくわかるもの。（例…消火）

次の熟語は、右のア～エのどれにあたるか、記号で答えなさい。

1 困苦（ ）
2 得失（ ）
3 胃液（ ）
4 挙手（ ）
5 降車（ ）
6 私用（ ）
7 自己（ ）
8 増減（ ）
9 養蚕（ ）
10 永久（ ）

3 次の漢字の部首と部首名を書きなさい。 2×5 /10

〈例〉代・作 部首〔亻〕 部首名（にんべん）

1 詞・誌〔　〕（　）
2 源・沿〔　〕（　）
3 困・団〔　〕（　）
4 簡・筋〔　〕（　）
5 絹・紅〔　〕（　）

4 次の漢字の太い画のところは筆順の何画目か、また総画数は何画か、算用数字（1、2、3…）で答えなさい。 2×5 /10

〈例〉定 何画目（5） 総画数〔8〕

1 権 何画目（　） 総画数〔　〕
2 后（　）〔　〕
3 孝 何画目（　） 総画数〔　〕
4 憲（　）〔　〕
5 呼（　）〔　〕

5 次の——線のカタカナを漢字になおしなさい。 3×10 /30

1 **コッセツ**したうでが完治した。（　）
2 知事が**セイサク**を発表する。（　）
3 図書館で本を五**サツ**借りた。（　）
4 午前中に家事を**ス**ませる。（　）
5 ごみを分別して**ス**てる。（　）
6 **ザッコク**を混ぜて米をたく。（　）
7 約束を**ゲンシュ**する。（　）
8 外国の**ゲンシュ**が来日する。（　）
9 **シキン**距離（きょり）から写真をとる。（　）
10 事業の**シキン**を用意する。（　）

クイズであそぼ！3

カルガモたちが、部首が消えた旗を持って泳いでいるよ。横一列にならんだ四つの旗に同じ部首を書き入れて、漢字を完成させよう。

答えは 別冊標準解答 21 ページ

クイズであそぼ！ 4

次の漢字の太い部分は何画目に書くのかな。答えを下の数字の表にあてはめて、四字の熟語を作ろう。

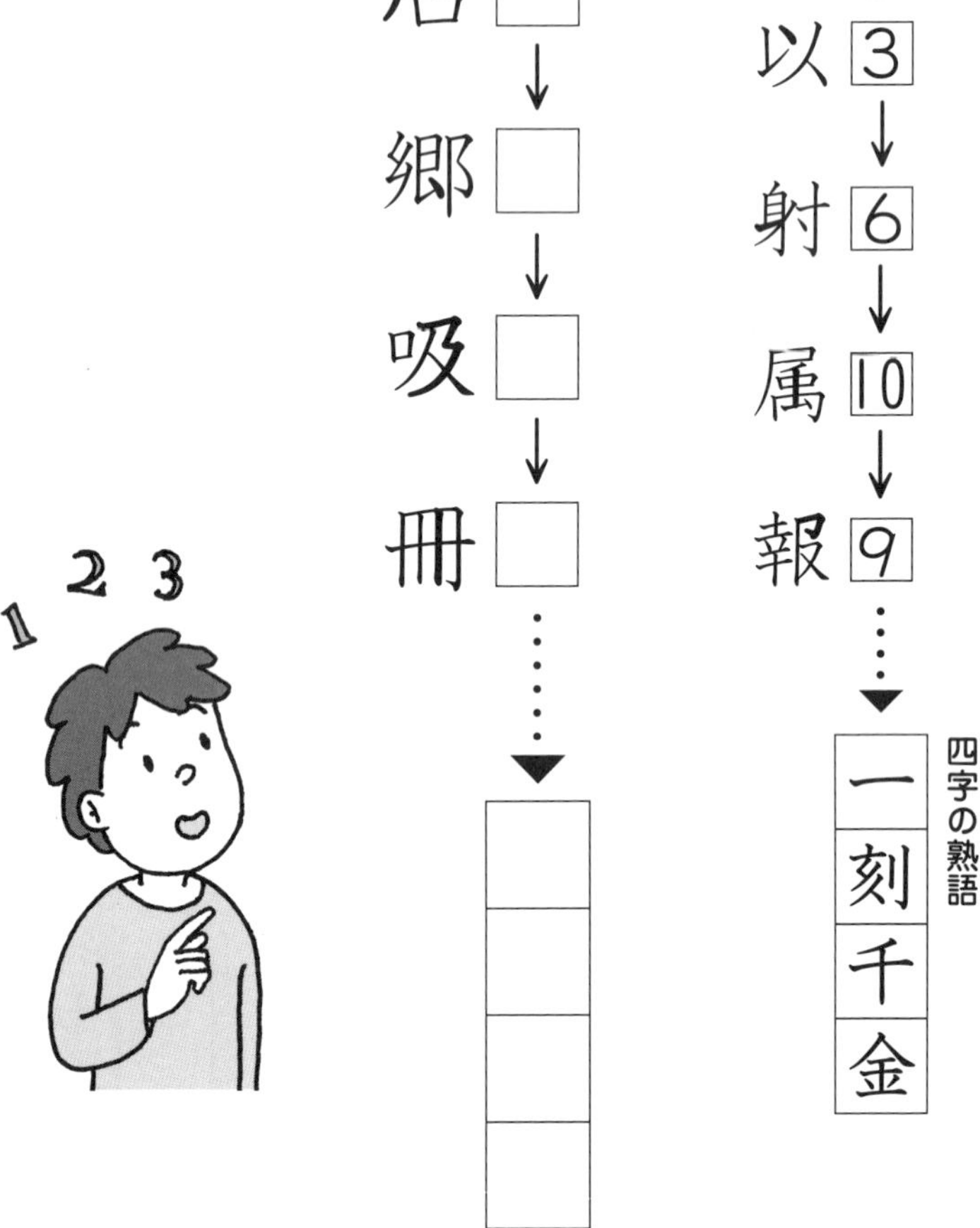

1	2	3	4	5	6	7	8	9	10
秋	先	一	勝	必	刻	日	手	金	千

答えは 別冊標準解答 21 ページ

ステップ 11

漢字	若	樹	収	宗	就	衆	従
読み	音 ジャク 中 ニャク 高 訓 わか(い) も(しくは) 高	音 ジュ 訓 ―	音 シュウ 訓 おさ(める) おさ(まる)	音 シュウ ソウ 中 訓 ―	音 シュウ ジュ 高 訓 つ(く) 中 つ(ける) 中	音 シュウ シュ 高 訓 ―	音 ジュウ ショウ 高 ジュ 高 訓 したが(う) したが(える)
画数	8	16	4	8	12	12	10
部首	艹	木	又	宀	尢	血	彳
部首名	くさかんむり	きへん	また	うかんむり	だいのまげあし	ち	ぎょうにんべん
漢字の意味	わかい・いくらか・ようすを表す	はえている木・しっかりと立てる	とり入れる・お金が入る・ひきしまる	神や仏の教え・本家・たっとばれる人・祖先	仕事や役目につく・できあがる	多くの人びと・人数が多い	ついていく・けらい・さからわない
用例	若干・老若男女・若草・若気・若人・雨若しくは雪	樹液・樹木・樹立・樹齢・街路樹・針葉樹・大樹	収支・収集・収入・収納・収録・吸収・成功を収める	宗教・宗派・改宗・真言宗・禅宗・宗家・宗匠	就航・就職・就任・就労・去就・成就・仕事に就く	衆議院・衆人・観衆・公衆・大衆・聴衆・衆生	従業員・従事・従順・服従・従容・指示に従う
筆順	若 若 若 若 若 若 若 若	樹 樹 樹 樹 樹 樹 樹 樹 樹 樹	収 収 収 収	宗 宗 宗 宗 宗 宗 宗 宗	就 就 就 就 就 就 就 就 就 就	衆 衆 衆 衆 衆 衆 衆 衆 衆 衆	従 従 従 従 従 従 従 従 従 従

ステップ 11

月　　日

1 次の――線の漢字の読みをひらがなで書きなさい。

1 山も野原も若葉の季節になった。
2 リーダーの命令に服従する。
3 来年度の予算案が衆議院を通過する。
4 日本の宗教の歴史について学ぶ。
5 知事が就任のあいさつをした。
6 かれはこの会社の従業員だ。
7 競泳で日本新記録を樹立する。
8 各国のめずらしい切手を収集する。
9 係員の指示に従って進む。
10 祖父は大変気が若く元気だ。
11 新しく就航した遊覧（ゆうらん）船に乗る。
12 わがチームが勝利を収めた。

和語・国字・日本でできた漢語②

❷国字（和字）…日本で作られた漢字。会意文字の作り方にならって作り出されたものです。
<例>働・畑・峠（とうげ）・枠（わく）

❸日本でできた漢語（和製漢語）…ふつう漢語（中国から入ってきた言葉）に分類されますが、日本で作られた言葉です。
<例>科学・野球・文化・返事

2 次の――線のカタカナを漢字になおしなさい。

1 弁護士の**シ**格を取る。（　　）
2 **シ**急の用事を伝える。（　　）
3 校内の美化に**ツト**める。（　　）
4 近くの商店に**ツト**めている。（　　）
5 公**シュウ**道徳を守る。（　　）
6 根から養分を吸**シュウ**する。（　　）
7 立ち入りを**ゲン**禁する。（　　）
8 自由に表**ゲン**する。（　　）
9 乗車**ケン**の提示を求める。（　　）
10 日本では主**ケン**が国民にある。（　　）
11 文楽の観**ゲキ**に行く。（　　）
12 名勝負を見て感**ゲキ**する。（　　）

3 次の漢字と反対や対（つい）になる意味の漢字を、後の［　］の中から選んで（　）に入れ、熟語（じゅくご）を作りなさい。

1 発（　）（　）
2 取（　）（　）
3 往（　）（　）
4 （　）（　）支
5 公（　）（　）
6 出（　）（　）
7 問（　）（　）
8 利（　）（　）
9 （　）（　）続
10 （　）（　）果

因・害・欠・私・捨・収・断・答・着・復

4 次の——線のカタカナを漢字になおしなさい。

1 建築業に**ジュウジ**している。
2 **ジュモク**の枝を切り整える。
3 その場が丸く**オサ**まる。
4 **タイシュウ**の前で演説をする。
5 銀行に**シュウショク**が決まった。
6 空海(くうかい)は真言(しんごん)**シュウ**の開祖だ。
7 **ワカモノ**たちの歌声がひびく。
8 街路**ジュ**の葉が色づき始めた。
9 **シュウニュウ**と支出を記録する。
10 母は**ワカ**くて行動的だ。
11 順路に**シタガ**って見学する。
12 球場は**カンシュウ**でうずまった。

( ) ( ) ( ) ( ) ( ) ( ) ( ) ( ) ( ) ( ) ( ) ( ) 月 日

〈 〉 〈 〉 〈 〉 〈 〉 〈 〉 〈 〉 〈 〉 〈 〉 〈 〉 〈 〉 〈 〉 〈 〉 月 日

[ ] [ ] [ ] [ ] [ ] [ ] [ ] [ ] [ ] [ ] [ ] [ ] 月 日

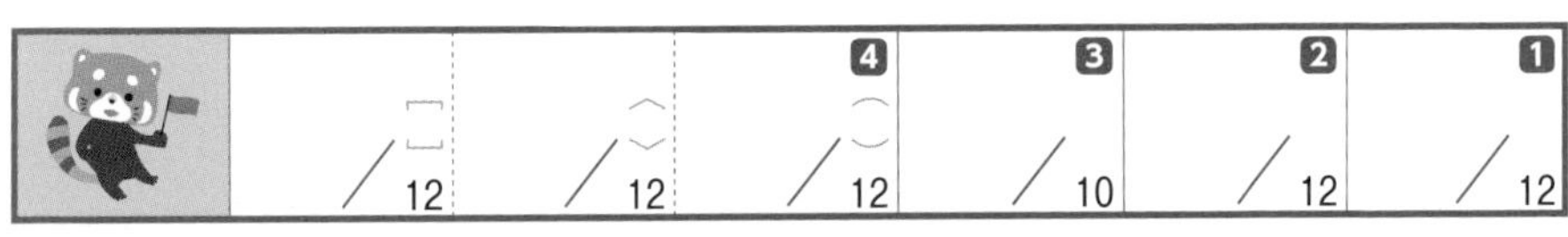

1	2	3	4			
／12	／12	／10	( ) ／12	〈 〉 ／12	[ ] ／12	

ステップ 12

漢字	読み	画数	部首	部首名	漢字の意味	用例
縦	音 ジュウ／訓 たて	16	糸	いとへん	たて・ゆるす・はなつ・思い通りにする	縦横(じゅうおう)・縦貫(じゅうかん)・縦断(じゅうだん)・操縦(そうじゅう)・縦糸(たていと)・縦書(たてが)き・縦笛(たてぶえ)
縮	音 シュク／訓 ちぢ(む) ちぢ(まる) ちぢ(める) ちぢ(れる) ちぢ(らす)	17	糸	いとへん	小さくなる・ちぢむ	縮尺(しゅくしゃく)・縮小(しゅくしょう)・圧縮(あっしゅく)・緊縮(きんしゅく)・収縮(しゅうしゅく)・伸縮(しんしゅく)・短縮(たんしゅく)・縮(ちぢ)れ毛(げ)
熟	音 ジュク／訓 う(れる)中	15	灬	れんが れっか	にる・みのる・じゅうぶんに・なれる	熟練(じゅくれん)・円熟(えんじゅく)・完熟(かんじゅく)・成熟(せいじゅく)・半熟(はんじゅく)・未熟(みじゅく)・実(み)が熟(う)れる
純	音 ジュン／訓 ―	10	糸	いとへん	まじりけがない・ありのままでかざらない	純真(じゅんしん)・純粋(じゅんすい)・純白(じゅんぱく)・純朴(じゅんぼく)・単純明快(たんじゅんめいかい)・不純(ふじゅん)
処	音 ショ／訓 ―	5	几	つくえ	いる・おる・場所・きりもりする	処遇(しょぐう)・処置(しょち)・処罰(しょばつ)・処分(しょぶん)・処方(しょほう)・処理(しょり)・善処(ぜんしょ)・対処法(たいしょほう)
署	音 ショ／訓 ―	13	罒	あみがしら あみめ よこめ	受け持ちの場所・役所・書きしるす	署名運動(しょめいうんどう)・警察署(けいさつしょ)・消防署(しょうぼうしょ)・部署(ぶしょ)
諸	音 ショ／訓 ―	15	言	ごんべん	いろいろな・たくさんの	諸行無常(しょぎょうむじょう)・諸侯(しょこう)・諸国(しょこく)・諸説(しょせつ)・諸島(しょとう)・諸般(しょはん)

月　日

ステップ 12

1 次の——線の漢字の読みをひらがなで書きなさい。

1 物語の主人公の純真さに感動する。
2 首相（しゅしょう）がヨーロッパ諸国を訪問（ほうもん）する。
3 朝食に半熟のゆでたまごを食べる。
4 処方された薬を飲む。
5 姉は純白のドレスがよく似合う。
6 新しくできた部署に配属される。
7 日本列島を自転車で縦断する。
8 図形を二分の一に縮小する。
9 縦糸と横糸が美しい模様（もよう）を織り成す。
10 ごみを処分する前に再利用を考える。
11 赤く熟した実を鳥がついばむ。
12 事故現場を見て身の縮む思いがした。

形の似ている漢字②

次の漢字も形が似ているので使い分けに気をつけましょう。訓読みを持つ漢字は、それもヒントになります。

- 困…こまる。くるしむ。→<例>困苦・困難（こんなん）
- 因…何かの起こるもと。→<例>原因・因果

- 従…ついていく。さからわない。→<例>従軍・服従
- 縦…たて。→<例>縦走・縦断

2 次の――線のカタカナの部分を漢字一字と送りがな（ひらがな）になおしなさい。

〈例〉クラブのきまりを**サダメル**。（定める）

1 **イタル**所に草が生える。（　）
2 野菜を**キザン**でいためる。（　）
3 先頭との差を**チヂメル**。（　）
4 先生の指示に**シタガウ**。（　）
5 不要になった物を**ステル**。（　）
6 犯罪は法で**サバカ**れる。（　）
7 車の点検を**スマセル**。（　）
8 道に迷い**コマリ**果てた。（　）
9 鳥の声が春を**ツゲル**。（　）
10 店内は**ワカイ**人が多い。（　）

3 次の漢字の太い画のところは筆順の何画目か、また総画数は何画か、算用数字（1、2、3…）で答えなさい。

〈例〉定　何画目（5）　総画数〔8〕

	漢字	何画目	総画数
1	純	（　）	〔　〕
2	署	（　）	〔　〕
3	姿	（　）	〔　〕
4	詞	（　）	〔　〕
5	射	（　）	〔　〕
6	熟	（　）	〔　〕
7	衆	（　）	〔　〕
8	処	（　）	〔　〕
9	券	（　）	〔　〕
10	縦	（　）	〔　〕

4 次の――線のカタカナを漢字になおしなさい。

1 地下鉄が**ジュウオウ**に走る。（　　）
2 消防**ショ**を見学する。（　　）
3 **タンジュン**なミスを防ぐ。（　　）
4 自己記録を五秒**タンシュク**した。（　　）
5 授業で**タテ**書きのノートを使う。（　　）
6 街頭で**ショメイ**運動が行われる。（　　）
7 急いでけがの**ショチ**をする。（　　）
8 空から伊豆（いず）**ショトウ**をながめる。（　　）
9 自分の**ミジュク**さを反省する。（　　）
10 相手チームとの点差が**チヂ**まる。（　　）
11 音楽会で**タテブエ**を演奏（えんそう）する。（　　）
12 **シュクシャク**百分の一の図面だ。（　　）

1	2	3	4		
／12	／10	／10	（　）／12	〈　〉／12	〔　〕／12

漢字練習ノートは別冊 15 ページにあります

ステップ 13

漢字	読み	画数	部首	部首名	漢字の意味	用例	筆順
除	音 ジョ・ジ(中) 訓 のぞ(く)	10	阝	こざとへん	とりさる・わり算	除去(じょきょ)・除草(じょそう)・除夜(じょや)・解除(かいじょ)・削除(さくじょ)・掃除(そうじ)・不安(ふあん)を除(のぞ)く	除
承	音 ショウ 訓 うけたまわ(る)(中)	8	手	て	うけつぐ・うけいれる	承知(しょうち)・承認(しょうにん)・起承転結(きしょうてんけつ)・伝承(でんしょう)・了承(りょうしょう)・用件(ようけん)を承(うけたまわ)る	承
将	音 ショウ 訓 ——	10	寸	すん	軍隊をひきいる人・これから…しようとする	将棋(しょうぎ)・将軍(しょうぐん)・将来(しょうらい)・王将(おうしょう)・主将(しゅしょう)・大将(たいしょう)・武将(ぶしょう)	将
傷	音 ショウ 訓 きず・いた(む)(中)・いた(める)(中)	13	亻	にんべん	きず・きずつける・心をいためる	傷害(しょうがい)・感傷(かんしょう)・軽傷(けいしょう)・負傷(ふしょう)・傷口(きずぐち)・古傷(ふるきず)・果物(くだもの)が傷(いた)む	傷
障	音 ショウ 訓 さわ(る)(高)	14	阝	こざとへん	さまたげる・さしつかえる・へだて	障害物(しょうがいぶつ)・障子(しょうじ)・故障(こしょう)・支障(ししょう)・保障(ほしょう)・差(さ)し障(さわ)り	障
蒸	音 ジョウ 訓 む(す)(中)・む(れる)(中)・む(らす)(中)	13	艹	くさかんむり	むす・むらす・液体が気体になること	蒸気(じょうき)・蒸散(じょうさん)・蒸発(じょうはつ)・蒸留(じょうりゅう)・水蒸気(すいじょうき)・蒸(む)し暑(あつ)い	蒸
針	音 シン 訓 はり	10	金	かねへん	ぬいばり・はり状のもの・めもりを示すはり	針小棒大(しんしょうぼうだい)・磁針(じしん)・短針(たんしん)・秒針(びょうしん)・方針(ほうしん)・針金(はりがね)・針箱(はりばこ)	針

月　日

ステップ 13

1 次の——線の漢字の読みをひらがなで書きなさい。

1 交通規制を解除する。
2 やかんから蒸気がふき出す。
3 プールのごみを取り除く。
4 マツやヒノキは針葉樹だ。
5 危険を承知で実行に移す。
6 サッカー部の主将をまかされた。
7 ガラスで切った足の傷を消毒する。
8 庭の除草作業を手伝う。
9 停電のため交通に支障が生じた。
10 武将の遺品が展示(てんじ)されている。
11 負傷した人の救助に向かう。
12 秋の夜や旅の男の針しごと

熟語の読み方①

熟語を構成する各漢字には、音読みするものも、訓読みするものもあります。多くの場合、上の字を音読みすれば下の字も音読みし、上の字を訓読みすれば下の字も訓読みします。

❶音と音（上下ともに音読みするもの）　<例>除外・蒸発
❷訓と訓（上下ともに訓読みするもの）　<例>生傷・針金

（熟語の読み方②に続く。）

2 次のカタカナを漢字になおし、一字だけ書きなさい。

1 公**シュウ**道徳（　）
2 記録**エイ**画（　）
3 基本方**シン**（　）
4 複雑**コッ**折（　）
5 完全無**ケツ**（　）
6 問題**ショ**理（　）
7 **ショ**名運動（　）
8 社会保**ショウ**（　）
9 **ザ**席指定（　）
10 災害対**サク**（　）

3 漢字の読みには音と訓があります。次の熟語の読みは［　］の中のどの組み合わせになっていますか。ア〜エの記号で答えなさい。

ア 音と音　イ 音と訓
ウ 訓と訓　エ 訓と音

1 郷土（　）
2 職場（　）
3 短縮（　）
4 針箱（　）
5 係長（　）
6 傷口（　）
7 縦糸（　）
8 宗教（　）
9 若気（　）
10 新型（　）

4 次の――線のカタカナを漢字になおしなさい。

1 方位**ジシン**を持って登山する。（　　）
2 水たまりの水が**ジョウハツ**する。（　　）
3 **ハリ**の穴にうまく糸を通せない。（　　）
4 **ショウライ**は医師になりたい。（　　）
5 地域に残る祭りを**デンショウ**する。（　　）
6 転んだが**ケイショウ**だった。（　　）
7 時計の**ビョウシン**が止まる。（　　）
8 **ジョヤ**のかねが聞こえてくる。（　　）
9 信号機が**コショウ**している。（　　）
10 一人を**ノゾ**いて全員が参加した。（　　）
11 **キズ**ついた鳥の手当てをする。（　　）
12 壁（かべ）に耳あり**ショウジ**に目あり（　　）

月　日 ／ 月　日 ／ 月　日

1	2	3	4		
／12	／10	／10	（　）／12	〈　〉／12	[　]／12

漢字練習ノートは別冊 16 ページにあります

ステップ 14

漢字	読み	画数	部首	部首名	漢字の意味	用例	筆順
仁	音 ジン・ニ中 訓 ―	4	イ	にんべん	思いやりの心・なさけ・ひと	仁愛(じんあい)・仁義(じんぎ)・仁術(じんじゅつ)・仁徳(じんとく)・一視同仁(いっしどうじん)・仁王像(におうぞう)	仁 仁 仁 仁
垂	音 スイ 訓 た(れる)・た(らす)	8	土	つち	ぶらさがる・たれる・教えしめす	垂線(すいせん)・垂直(すいちょく)・胃下垂(いかすい)・率先垂範(そっせんすいはん)・懸垂(けんすい)・雨垂(あまだ)れ	垂 垂 垂 垂 垂 垂 垂 垂
推	音 スイ 訓 お(す)中	11	扌	てへん	前方へすすめる・おしはかる・人にすすめる	推移(すいい)・推進(すいしん)・推測(すいそく)・推定(すいてい)・推理(すいり)・類推(るいすい)・班長(はんちょう)に推(お)す	推 推 推 推 推 推 推 推 推10 推
寸	音 スン 訓 ―	3	寸	すん	長さ・ほんのすこし・長さの単位	寸暇(すんか)・寸前(すんぜん)・寸断(すんだん)・寸法(すんぽう)・一寸(いっすん)・原寸大(げんすんだい)・舌先三寸(したさきさんずん)	寸 寸 寸
盛	音 セイ中・ジョウ高 訓 も(る)・さか(る)中・さか(ん)中	11	皿	さら	勢いがよい・りっぱな・にぎわう・さかり	盛大(せいだい)・全盛(ぜんせい)・盛者必衰(じょうしゃひっすい)・盛(も)り上(あ)げる・燃(も)え盛(さか)る	盛 盛 盛 盛 盛 盛 盛 盛 盛10 盛
聖	音 セイ 訓 ―	13	耳	みみ	きよらかな・その道で最高の人	聖火(せいか)・聖歌(せいか)・聖書(せいしょ)・聖地(せいち)・聖母(せいぼ)・画聖(がせい)・神聖(しんせい)	聖 聖 聖4 聖 聖 聖8 聖 聖 聖 聖13
誠	音 セイ 訓 まこと中	13	言	ごんべん	うそやつくりごとがない・まごころ	誠意(せいい)・誠実(せいじつ)・誠心(せいしん)・至誠(しせい)・忠誠(ちゅうせい)・誠(まこと)に美(うつく)しい	誠2 誠4 誠6 誠 誠 誠 誠 誠 誠 誠
舌	音 ゼツ中 訓 した	6	舌	した	した・ことば・ものを言う	舌禍(ぜっか)・毒舌(どくぜつ)・弁舌(べんぜつ)・舌先(したさき)・舌(した)つづみ・猫舌(ねこじた)	舌 舌 舌 舌 舌 舌

月　日

ステップ 14

1 次の――線の漢字の読みをひらがなで書きなさい。

1 明るく誠実な人がらにひかれる。

2 試合は後半に盛り上がってきた。

3 有名店の料理に舌つづみを打つ。

4 聖母のようなほほえみをうかべる。

5 台風で交通網(もう)が寸断される。

6 来年の参加人数を推測する。

7 父は胃下垂で病院に通っている。

8 たくさんの盛り花で会場をかざる。

9 日本の人口の推移を調べた。

10 かれらは仁義を重んじる。

11 黄色い稲穂(いなほ)がこうべを垂れる。

12 一寸の虫にも五分のたましい

熟語の読み方②

熟語の読み方の例外として、一つの熟語で音読みと訓読みの漢字が混用されるものもあります。

❸音と訓（上を音読み、下を訓読みするもの）＝重箱読み

<例>役割・新芽

❹訓と音（上を訓読み、下を音読みするもの）＝湯桶(ゆとう)読み

<例>株式・道順

（熟語の読み方③に続く。）

2 後の□の中のひらがなを漢字になおして、対義語（意味が反対や対になることば）と、類義語（意味がよくにたことば）を書きなさい。□の中のひらがなは一度だけ使い、漢字一字を書きなさい。

対義語

1 横断—（　）断
2 拡大—（　）小
3 過去—（　）来
4 複雑—（　）純
5 水平—（　）直

類義語

6 直前—（　）前
7 始末—（　）理
8 注目—注（　）
9 時間—時（　）
10 大木—大（　）

こく・し・じゅ・じゅう・しゅく・しょ・しょう・すい・すん・たん

3 後の□の中から漢字を選んで、次の意味にあてはまる熟語を作りなさい。答えは記号で書きなさい。

〈例〉本をよむこと。（読書）（セ・ス）

1 不要なものを取りのぞくこと。（　・　）
2 けがをすること。（　・　）
3 新しく、ある仕事につくこと。（　・　）
4 おごそかでけがれのないさま。（　・　）
5 おしはかって決めること。（　・　）
6 ごまかしのないまじめな心。（　・　）

ア 傷　イ 意　ウ 負　エ 神　オ 職
カ 誠　キ 就　ク 推　ケ 聖　コ 去
サ 定　シ 除　ス 書　セ 読

4 次の――線のカタカナを漢字になおしなさい。

1 **セイカ**ランナーが入場してきた。
2 底辺に**スイチョク**な線を引く。
3 あいさつ運動を**スイシン**する。
4 家具の**スンポウ**を測る。
5 **セイイ**のこもった手紙をもらう。
6 事件の犯人を**スイリ**する。
7 木の葉からしずくが**タ**れる。
8 新聞に多くの情報を**モ**りこむ。
9 **ジンアイ**の心をもって接する。
10 キリスト教の**セイチ**をめぐる。
11 元気な声でチームを**モ**り上げる。
12 **シタ**はわざわいの根

月 日
月 日
月 日

1	**2**	**3**	**4**		
／12	／10	／6	（ ）／12	〈 〉／12	〔 〕／12

漢字練習ノートは別冊 17 ページにあります

ステップ 15

漢字	読み	画数	部首	部首名	漢字の意味	用例	筆順
宣	音 セン 訓 ――	9	宀	うかんむり	広く知らせる・はっきり述べる	宣教師(せんきょうし)・宣言(せんげん)・宣告(せんこく)・宣誓(せんせい)・宣戦(せんせん)・宣伝(せんでん)	宣宣宣宣宣宣宣宣宣
専	音 セン 訓 もっぱ(ら) 中	9	寸	すん	いちずに・自分だけのものにする	専業(せんぎょう)・専念(せんねん)・専門(せんもん)・専用(せんよう)・一意専心(いちいせんしん)・専(もっぱ)らのうわさ	専専専専専専専専専
泉	音 セン 訓 いずみ	9	水	みず	水のわき出るところ・あの世	泉水(せんすい)・温泉(おんせん)・源泉(げんせん)・鉱泉(こうせん)・冷泉(れいせん)・湧泉(ゆうせん)・泉(いずみ)のほとり	泉泉泉泉泉泉泉泉泉
洗	音 セン 訓 あら(う)	9	氵	さんずい	水などであらう	洗顔(せんがん)・洗車(せんしゃ)・洗浄(せんじょう)・洗面(せんめん)・水洗(すいせん)・手洗(てあら)い・足(あし)を洗(あら)う	洗洗洗洗洗洗洗洗洗
染	音 セン 中 訓 そ(める)・そ(まる)・し(みる) 高・し(み) 高	9	木	き	色をつける・そめる・病気などがうつる	染色(せんしょく)・染料(せんりょう)・汚染(おせん)・感染(かんせん)・伝染(でんせん)・藍染(あいぞ)め・染(し)みぬき	染染染染染染染染染
銭	音 セン 訓 ぜに 中	14	金	かねへん	おかね・おかねの単位	銭湯(せんとう)・一銭(いっせん)・金銭(きんせん)・守銭奴(しゅせんど)・つり銭(せん)・小銭(こぜに)	銭2 銭4 銭 銭7 銭 銭 銭11 銭 銭 銭
善	音 ゼン 訓 よ(い)	12	口	くち	正しい・じゅうぶんに・仲よくする	善悪(ぜんあく)・善意(ぜんい)・善良(ぜんりょう)・改善(かいぜん)・最善(さいぜん)・親善(しんぜん)・善(よ)い心(こころ)がけ	善2 善 善 善 善 善 善 善 善11 善
奏	音 ソウ 訓 かな(でる) 高	9	大	だい	申し上げる・あらわす・楽器をならす	奏楽(そうがく)・演奏(えんそう)・合奏(がっそう)・吹奏(すいそう)・独奏(どくそう)・伴奏(ばんそう)・曲(きょく)を奏(かな)でる	奏奏奏奏奏奏奏奏奏

月　日

ステップ 15

1 次の――線の漢字の読みをひらがなで書きなさい。

1 兄は星の研究に専念している。

2 曲のはじめにフルートの独奏がある。

3 美しい景色に心が洗われる。

4 フランシスコ・ザビエルは宣教師だ。

5 健康を考えて食生活を改善する。

6 山あいの源泉から湯煙（ゆけむり）が立ち上る。

7 朝起きてすぐに洗顔をする。

8 昔は草のしるなどで布を染めた。

9 森の中にきれいな泉があった。

10 洋書を専門にあつかう店を開く。

11 善い行いをして先生にほめられた。

12 一銭を笑う者は一銭に泣く

熟語の読み方③

熟語には「音と音」、「訓と訓」の二通りに読めるものもあります。

<例>縦横…「ジュウオウ」「たてよこ」

背筋…「ハイキン」「せすじ」

宝物…「ホウモツ」「たからもの」

2 次の（　）にあてはまる語を後の［　］の中から選んで漢字になおし、四字の熟語を作りなさい。［　］の中の語は一度しか使えません。

1 独立（　　）
2 器楽（　　）
3 天変（　　）
4 予防（　　）
5 国際（　　）
6 （　　）小説
7 （　　）活動
8 （　　）明快
9 （　　）信号
10 （　　）神経

がっそう・きけん・しょめい・しんぜん・すいり・せんげん・たんじゅん・ちい・ちゅうしゃ・はんしゃ

3 次の――線のカタカナを漢字になおしなさい。

1 方位磁**シン**で北を探(さが)す。（　　）
2 水泳には自**シン**がある。（　　）
3 しばらく快**セイ**の日が続く。（　　）
4 **セイ**火ランナーが走る。（　　）
5 母は今、二階に**イ**る。（　　）
6 的に向かって矢を**イ**る。（　　）
7 新社長が**シュウ**任する。（　　）
8 大勢の観**シュウ**が見守る。（　　）
9 父は外国に**ス**んでいた。（　　）
10 宿題が**ス**んだら母を手伝う。（　　）
11 水害の対**サク**を立てる。（　　）
12 大**サク**と名高い映画をみる。（　　）

4 次の——線のカタカナを漢字になおしなさい。

1 ピアノの**エンソウ**を静かにきく。（　）
2 歩行者**センヨウ**の道路を歩く。（　）
3 **イズミ**から冷たい水がわく。（　）
4 山の木々が赤や黄に**ソ**まる。（　）
5 新製品をテレビで**センデン**する。（　）
6 父が庭で**センシャ**をしている。（　）
7 週末は**オンセン**に行く予定だ。（　）
8 **サイゼン**の策を講じる。（　）
9 事前の情報収集が功を**ソウ**した。（　）
10 食前に手を**アラ**う習慣をつける。（　）
11 高いえんとつのある**セントウ**だ。（　）
12 悪に強いは**ゼン**にも強い（　）

月　日　月　日　月　日

1	2	3	4
（　）／12 〈　〉／12 〔　〕／12	／12	／10	／12

クイズであそぼ！ 5

次の飲み物の容器にある漢字の訓読みに合う送りがなのコップを選び、線で結ぼう。

答えは 別冊標準解答 21 ページ

クイズであそぼ！6

クラゲの頭の上にのっているバケツの漢字は、クラゲが持っているバケツの漢字と組み合わせて熟語を作ることができるよ。頭の上のバケツの漢字の見えない部分を書いて、漢字を完成させよう。

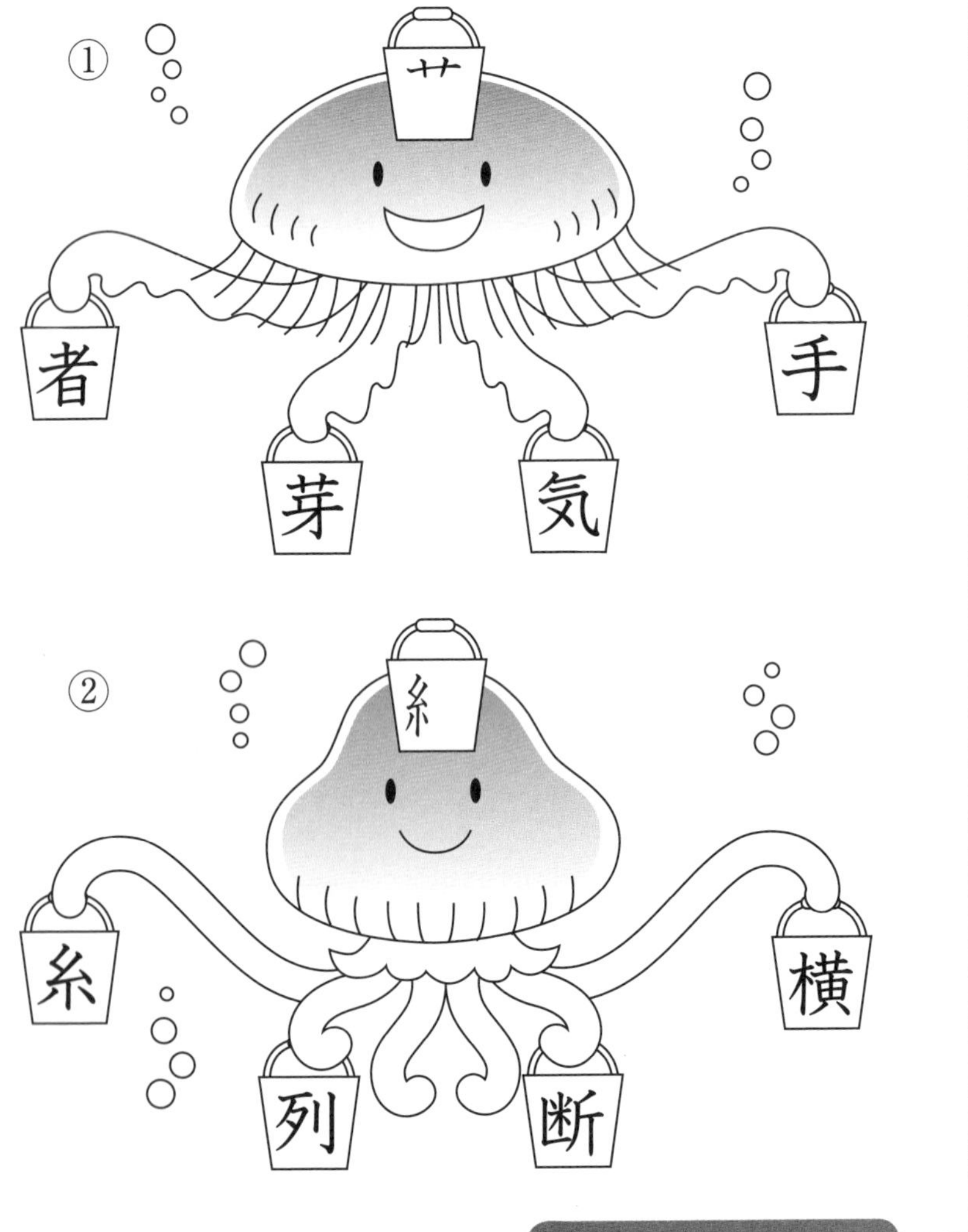

答えは 別冊標準解答 22 ページ

漢字練習ノートは別冊18ページにあります

ステップ16

漢字	読み	画数	部首	部首名	漢字の意味	用例	筆順
窓	音 ソウ 訓 まど	11	穴	あなかんむり	まど・勉強する部屋・教室	窓外(そうがい)・車窓(しゃそう)・深窓(しんそう)・同窓(どうそう)・窓際(まどぎわ)・窓口(まどぐち)・窓辺(まどべ)・出窓(でまど)	
創	音 ソウ 訓 つく(る)	12	刂	りっとう	きず・物事を新しくはじめる・つくる	創作(そうさく)・創設(そうせつ)・創造(そうぞう)・創立(そうりつ)・独創的(どくそうてき)・作品(さくひん)を創(つく)る	
装	音 ソウ、ショウ 中 訓 よそお(う) 高	12	衣	ころも	よそおう・かざる・とりつける	装置(そうち)・改装(かいそう)・服装(ふくそう)・包装(ほうそう)・装束(しょうぞく)・衣装(いしょう)・平静(へいせい)を装(よそお)う	
層	音 ソウ 訓 —	14	尸	かばね しかばね	かさなったもの・かさなる・階級	層雲(そううん)・階層(かいそう)・高層(こうそう)・上層(じょうそう)・深層(しんそう)・断層(だんそう)・地層(ちそう)・洪積層(こうせきそう)	
操	音 ソウ 訓 あやつ(る) 中、みさお 高	16	扌	てへん	うまくあつかう・志や愛を守りとおすこと	操業(そうぎょう)・操作(そうさ)・操縦(そうじゅう)・情操(じょうそう)・体操(たいそう)・操(あやつ)り人形(にんぎょう)・操(みさお)を守(まも)る	
蔵	音 ゾウ 訓 くら 中	15	艹	くさかんむり	しまっておく・かくす・しまっておく建物	蔵書(ぞうしょ)・地蔵(じぞう)・貯蔵(ちょぞう)・内蔵(ないぞう)・秘蔵(ひぞう)・冷蔵(れいぞう)・お蔵入(くらい)り	
臓	音 ゾウ 訓 —	19	月	にくづき	体内にあるいろいろな器官・はらわた	臓器移植(ぞうきいしょく)・肝臓(かんぞう)・心臓(しんぞう)・腎臓(じんぞう)・内臓(ないぞう)	

月　日

ステップ 16

1 次の――線の漢字の読みをひらがなで書きなさい。

1 買ってきた肉や魚を冷蔵する。（　）
2 臓器移植の技術は進歩している。（　）
3 記念館が創設されて百年が経過する。（　）
4 道行く人々の服装が冬らしくなった。（　）
5 飛行機の操縦士を志望する。（　）
6 深窓の令嬢(れいじょう)にあこがれる。（　）
7 都市の高層化がますます進む。（　）
8 「かさ地蔵」の話を祖父から聞く。（　）
9 仮装してパーティーに参加する。（　）
10 今までにない新しい作品を創る。（　）
11 音楽で情操を養う。（　）
12 窓を開けて空気を入れかえる。（　）

特別な読み方

「真っ赤」はなんと読むでしょう？　「赤」の訓読みに「あか」はありますが、「か」はありません。しかし、これは「まっか」と読みます。このような、熟語単位の特別な読み方は、注意して覚えましょう。

<例>河原（かわら）・眼鏡（めがね）・部屋（へや）・博士（はかせ）・景色（けしき）・八百屋（やおや）

2 漢字を二字組み合わせた熟語では、二つの漢字の間に意味の上で、次のような関係があります。

ア 反対や対(つい)になる意味の字を組み合わせたもの。（例…強弱）
イ 同じような意味の字を組み合わせたもの。（例…進行）
ウ 上の字が下の字の意味を説明(修飾(しゅうしょく))しているもの。（例…国旗）
エ 下の字から上の字へ返って読むと意味がよくわかるもの。（例…消火）
オ 上の字が下の字の意味を打ち消しているもの。（例…非常）

次の熟語は、右のア〜オのどれにあたるか、記号で答えなさい。

1 縦横（　）
2 不快（　）
3 善悪（　）
4 樹木（　）
5 短針（　）
6 未完（　）
7 除去（　）
8 車窓（　）
9 洗顔（　）
10 築城（　）

3 漢字の読みには音と訓があります。次の熟語の読みは［　］の中のどの組み合わせになっていますか。ア〜エの記号で答えなさい。

ア 音と音　イ 音と訓
ウ 訓と訓　エ 訓と音

1 舌先（　）
2 銭湯（　）
3 土手（　）
4 布地（　）
5 若草（　）
6 包装（　）
7 王様（　）
8 創造（　）
9 麦茶（　）
10 古傷（　）

4 次の――線のカタカナを漢字になおしなさい。

1 模型(もけい)で**ナイゾウ**のつくりを学ぶ。（　）
2 野菜を冷暗所に**チョゾウ**する。（　）
3 **ドウソウ**会で友達に再会した。（　）
4 海岸で**チソウ**の年代を調べる。（　）
5 兄は器械**タイソウ**が得意だ。（　）
6 校内の防犯**ソウチ**を点検する。（　）
7 今日は学校の**ソウリツ**記念日だ。（　）
8 **ダンソウ**のずれを観察する。（　）
9 **マドベ**に花をかざる。（　）
10 祖母が**シンゾウ**の検査を受けた。（　）
11 店内を**カイソウ**して明るくする。（　）
12 ロボットを手動で**ソウサ**する。（　）

月　日
月　日
月　日

❶	❷	❸	❹ （　）	〈　〉	［　］
／12	／10	／10	／12	／12	／12

漢字練習ノートは別冊 19 ページにあります

ステップ 17

漢字	読み	画数	部首	部首名	漢字の意味	用例	筆順
存	音 ソン ゾン 訓 —	6	子	こ	ある・生きている・とっておく・思う	存在(そんざい)・存続(そんぞく)・危急存亡(ききゅうそんぼう)・存分(ぞんぶん)・異存(いぞん)・生存(せいぞん)・保存(ほぞん)	存 存 存 存 存 存
尊	音 ソン 訓 たっと(い) とうと(い) たっと(ぶ) とうと(ぶ)	12	寸	すん	あがめる・たいせつな・敬意を表す語	尊敬(そんけい)・尊大(そんだい)・尊重(そんちょう)・尊卑(そんぴ)・独立自尊(どくりつじそん)・神仏(しんぶつ)を尊(たっと/とうと)ぶ	尊 尊2 尊 尊 尊5 尊 尊 尊 尊 尊
退	音 タイ 訓 しりぞ(く) しりぞ(ける)	9	辶	しんにょう しんにゅう	ひきさがる・やめる・追(お)い払(はら)う・おとろえる	退院(たいいん)・退席(たいせき)・一進一退(いっしんいったい)・早退(そうたい)・会長職(かいちょうしょく)を退(しりぞ)く	退 退 退 退 退 退 退 退 退
宅	音 タク 訓 —	6	宀	うかんむり	家・すまい・自分の家	宅地(たくち)・宅配(たくはい)・帰宅(きたく)・在宅(ざいたく)・自宅(じたく)・住宅(じゅうたく)・拙宅(せったく)・邸宅(ていたく)	宅 宅 宅 宅 宅 宅
担	音 タン 訓 かつ(ぐ)高 にな(う)高	8	扌	てへん	肩(かた)にかつぐ・受け持つ・引きうける	担当(たんとう)・担任(たんにん)・負担(ふたん)・分担(ぶんたん)・荷物(にもつ)を担(かつ)ぐ・役目(やくめ)を担(にな)う	担 担 担 担 担 担 担 担
探	音 タン 訓 さが(す) さぐ(る)中	11	扌	てへん	見つけだそうとする・さがす	探検(たんけん)・探査(たんさ)・探索(たんさく)・探偵(たんてい)・手探(てさぐ)り・職(しょく)を探(さが)す	探 探 探 探 探5 探 探 探 探 探
誕	音 タン 訓 —	15	言	ごんべん	生まれる	誕生日(たんじょうび)・降誕(こうたん)・生誕(せいたん)	誕4 誕7 誕 誕 誕 誕 誕 誕 誕 誕
段	音 ダン 訓 —	9	殳	るまた ほこづくり	くぎり・差のある平面・やりかた・等級	段丘(だんきゅう)・段落(だんらく)・石段(いしだん)・階段(かいだん)・格段(かくだん)・手段(しゅだん)・値段(ねだん)	段 段 段 段 段 段 段 段 段

月　日

ステップ 17

1 次の――線の漢字の読みをひらがなで書きなさい。

1 妹の誕生日に時計をプレゼントする。

2 神社までの長い石段を上る。

3 久しぶりの旅行を存分に楽しむ。

4 尊敬する人物の名を挙げる。

5 体調不良で学校を早退する。

6 木の実を探しながら野山を歩く。

7 戦争は尊い人命をうばう。

8 運動会の記録係を担当した。

9 テニス部の存続を願う生徒が多い。

10 南極を探検した人の講演を聞く。

11 費用は全員で負担することになった。

12 海外旅行を終え、帰宅する。

同音異義語

同じ音読みで意味の異なる語を同音異義語といいます。同音異義語は非常にたくさんあります。文中でどのように使われるかによって、漢字を選ぶことが大事です。

<例>
- 事故の原因を<u>タンキュウ</u>する。(探求)
- 真理を<u>タンキュウ</u>する。(探究)

2 後の□の中の漢字と「存」という漢字を組み合わせて、次の意味を持つ熟語を作りなさい。答えは二字とも書きなさい。

存

1 ほかとちがった意見。（　　）
2 いきていること。（　　）
3 自分ひとりの考え。（　　）
4 長くそのままの状態で残しておくこと。（　　）
5 物事がそのままつづいていること。（　　）
6 満足がいくまで。（　　）
7 人や物事があること。（　　）
8 使わずに大事に残しておくこと。（　　）
9 心の中で思っていること。（　　）
10 事実として今あること。（　　）

生・一・温・現・異・在・所・分・続・保

3 次の漢字の太い画のところは筆順の何画目か、また総画数は何画か、算用数字（1、2、3…）で答えなさい。

〈例〉定（5）〔8〕　何画目　総画数

1 染（　）〔　〕
2 誕（　）〔　〕
3 蔵（　）〔　〕
4 探（　）〔　〕
5 装（　）〔　〕
6 退（　）〔　〕
7 誠（　）〔　〕
8 盛（　）〔　〕
9 尊（　）〔　〕
10 推（　）〔　〕

4 次の——線のカタカナを漢字になおしなさい。

1 **カイダン**を急いでかけ上がる。（　）
2 画家の**セイタン**百年を祝う。（　）
3 全員の意見を**ソンチョウ**する。（　）
4 クラス**タンニン**を受け持つ。（　）
5 市で文化財を**ホゾン**する。（　）
6 **ソンダイ**な態度を改める。（　）
7 日当たりのよい部屋を**サガ**す。（　）
8 手術から三日で**タイイン**できた。（　）
9 最後の**ダンラク**を音読する。（　）
10 準決勝で**シリゾ**く。（　）
11 **タクハイ**便で荷物がとどく。（　）
12 最新の火星**タンサ**機が完成した。（　）

月　日
月　日
月　日

			4	3	2	1
	〔　〕／12	〈　〉／12	（　）／12	／10	／10	／12

漢字練習ノートは別冊 20 ページにあります

ステップ 18

漢字	読み	画数	部首	部首名	漢字の意味	用例	筆順
暖	音 ダン 訓 あたた(か) あたた(かい) あたた(まる) あたた(める)	13	日	ひへん	あたたかい・あたためる	暖房(だんぼう)・暖流(だんりゅう)・温暖(おんだん)・寒暖(かんだん)・暖(あたた)かい日(ひ)・室内(しつない)を暖(あたた)める	
値	音 チ 訓 ね あたい 中	10	イ	にんべん	ねうち・数の大きさ	価値(かち)・数値(すうち)・値打(ねう)ち・値段(ねだん)・値引(ねび)き・値(あたい)が高(たか)い	
宙	音 チュウ 訓 ―	8	宀	うかんむり	おおぞら・地をはなれたところ	宙返(ちゅうがえ)り・宇宙(うちゅう)・宇宙船(うちゅうせん)・宇宙遊泳(うちゅうゆうえい)・宇宙旅行(うちゅうりょこう)	
忠	音 チュウ 訓 ―	8	心	こころ	まごころ・主君に心から仕えること	忠義(ちゅうぎ)・忠勤(ちゅうきん)・忠言(ちゅうげん)・忠告(ちゅうこく)・忠実(ちゅうじつ)・忠臣(ちゅうしん)・忠誠(ちゅうせい)・忠節(ちゅうせつ)	
著	音 チョ 訓 あらわ(す) 中 いちじる(しい) 中	11	艹	くさかんむり	書物を世に出す・目立つ・はっきりしている	著作(ちょさく)・著者(ちょしゃ)・著書(ちょしょ)・著名(ちょめい)・本(ほん)を著(あらわ)す・進歩(しんぽ)が著(いちじる)しい	
庁	音 チョウ 訓 ―	5	广	まだれ	役所	庁舎(ちょうしゃ)・官庁(かんちょう)・気象庁(きしょうちょう)・宮内庁(くないちょう)・県庁(けんちょう)・文化庁(ぶんかちょう)	
頂	音 チョウ 訓 いただ(く) いただき	11	頁	おおがい	物のいちばん高い所・物をもらう	頂上(ちょうじょう)・頂点(ちょうてん)・山頂(さんちょう)・絶頂(ぜっちょう)・登頂(とうちょう)・山(やま)の頂(いただき)・紅茶(こうちゃ)を頂(いただ)く	
腸	音 チョウ 訓 ―	13	月	にくづき	はらわた	腸炎(ちょうえん)・腸管(ちょうかん)・胃腸(いちょう)・小腸(しょうちょう)・大腸(だいちょう)・断腸(だんちょう)・直腸(ちょくちょう)・盲腸(もうちょう)	

ステップ 18

月　　日

1 次の——線の漢字の読みをひらがなで書きなさい。

1 おじから入学祝いを頂いた。
2 中央官庁は都心に集まっている。
3 この建物は歴史的な価値がある。
4 著名な作家の講演会に行く。
5 初秋は寒暖の差が激しい。
6 腸から水や養分を吸収する。
7 宇宙ステーションの建設作業が進む。
8 新しい庁舎には大きな食堂がある。
9 山の頂上が厚い雲におおわれる。
10 友人の忠告を聞き入れる。
11 値段が安くて質のよい品物だ。
12 暖かくなって菜の花がさきはじめる。

類義語

二つの言葉の意味が同じか、またはよく似ている言葉を類義語といいます。よく似た意味の熟語はたくさんあるので、それぞれの熟語の意味を正確に理解することが大切です。文の内容によって適切な熟語を使い分けるようにしましょう。

<例>作者－筆者・改良－改善・休養－静養・使命－任務

2 次の漢字の部首を書き、同じ部首を持つ漢字を後の□の中から一字選びなさい。

〈例〉 研〔石〕〈砂〉（部首・漢字）

1 腸〔　〕〈　〉
2 探〔　〕〈　〉
3 暖〔　〕〈　〉
4 存〔　〕〈　〉
5 忠〔　〕〈　〉
6 著〔　〕〈　〉
7 頂〔　〕〈　〉
8 誕〔　〕〈　〉
9 庁〔　〕〈　〉
10 宙〔　〕〈　〉

映・憲・孝・砂・座・者・誠・席・宗・蔵・臓・担・丁・領

3 後の□の中の語を漢字になおして、対義語（意味が反対や対（つい）になることば）を書きなさい。□の中の語は一度しか使えません。

1 寒冷―（　）
2 目的―（　）
3 無視―（　）
4 読者―（　）
5 悪意―（　）
6 外出―（　）
7 辞任―（　）
8 延長―（　）
9 支出―（　）
10 公立―（　）

おんだん・きたく・しゅうにゅう・しゅうにん・しゅだん・しりつ・ぜんい・そんちょう・たんしゅく・ちょしゃ

4 次の――線のカタカナを漢字になおしなさい。

1 マグロは**ダンリュウ**にすむ。（　）
2 二つの**チョウテン**を線で結ぶ。（　）
3 食べすぎで**イチョウ**が苦しい。（　）
4 気象**チョウ**が天気予報を出す。（　）
5 父は学者で、**チョショ**も多い。（　）
6 調査結果を**スウチ**で示す。（　）
7 先生の教えを**チュウジツ**に守る。（　）
8 ジェット機が**チュウ**返りをする。（　）
9 主君に**チュウセイ**をちかう。（　）
10 山の**イタダキ**が白くかがやく。（　）
11 在庫の商品を**ネビ**きして売る。（　）
12 映像の**チョサク**権を保護する。（　）

月　日　月　日　月　日

1	2	3	4		
／12	／10	／10	（　）／12	〈　〉／12	[　]／12

漢字練習ノートは別冊 21 ページにあります

ステップ 19

漢字	読み	画数	部首	部首名	漢字の意味	用例	筆順
潮	音 チョウ／訓 しお	15	氵	さんずい	海の水・傾向・世間のなりゆき	潮流・干潮・風潮・満潮・潮風・潮干狩り・黒潮	3・9・15
賃	音 チン／訓 ―	13	貝	かい・こがい	やとった人にはらうおかね・代金	賃金・賃借・賃貸・運賃・工賃・駄賃・家賃・労賃	2・10・13
痛	音 ツウ／訓 いた(い)・いた(む)・いた(める)	12	疒	やまいだれ	からだがいたむ・心がいたむ・ひどく	痛快・苦痛・頭痛・腹痛・耳の痛い話・胸を痛める	2・11
敵	音 テキ／訓 かたき 中	15	攵	のぶん・ぼくづくり	てき・あいて・かたき	敵対・強敵・大胆不敵・匹敵・油断大敵・目の敵	2・4・6・11
展	音 テン／訓 ―	10	尸	かばね・しかばね	ならべる・ひろがる・さかんになる	展開・展示・展望台・展覧会・作品展・発展	
討	音 トウ／訓 う(つ) 中	10	言	ごんべん	せめる・たずね調べる	討議・討伐・討論・検討・追討・一騎討ち・敵討ち	
党	音 トウ／訓 ―	10	儿	ひとあし・にんにょう	仲間・政治家などの集まり	党員・党首・甘党・残党・政党・不偏不党・与党	
糖	音 トウ／訓 ―	16	米	こめへん	あまい調味料・あまみのある炭水化物	糖尿病・糖分・糖類・果糖・砂糖・製糖・乳糖	3・6・8・16

月　日

ステップ 19

1 次の――線の漢字の読みをひらがなで書きなさい。

1 党首が基本政策を説明する。
2 ブドウは糖分を多くふくむ。
3 昨日は潮干(ひが)狩りに行った。
4 逆転ホームランは痛快だった。
5 展望台からのながめはすばらしい。
6 干潮で岩場に魚が取り残される。
7 糖類をとりすぎると太りやすい。
8 学級会で何度も討議を重ねる。
9 終点までのバスの運賃を調べる。
10 新年を祝う行事が各地で展開される。
11 昨夜は歯が痛くてねむれなかった。
12 昨日の敵は今日の友

対義語

ある言葉の意味が反対、または対(つい)になる言葉を対義語といいます。漢字二字の熟語の場合、次のように分けられます。
①上の字どうしが対応するもの…<例>満潮－干潮
②下の字どうしが対応するもの…<例>最高－最低
③上下どちらの字も対応するもの…<例>増進－減退
④上下どちらの字も対応しないもの…<例>戦争－平和

2 次のカタカナを漢字になおし、一字だけ書きなさい。

1 公**シュウ**衛生（　）
2 安全**ソウ**置（　）
3 一進一**タイ**（　）
4 政**トウ**政治（　）
5 **セン**業農家（　）
6 価**チ**判断（　）
7 高**ソウ**建築（　）
8 **タク**地造成（　）
9 宇**チュウ**開発（　）
10 平和**セン**言（　）

3 次の――線のカタカナを漢字になおしなさい。

1 この辺は**シオ**の流れが速い。（　）
2 力士が土俵に**シオ**をまく。（　）
3 住居の一部を改**ソウ**する。（　）
4 ピアノの独**ソウ**をきく。（　）
5 決勝戦で強**テキ**と対戦する。（　）
6 室内は**テキ**度なすずしさだ。（　）
7 古い商品に高い**ネ**がつく。（　）
8 岩に**ネ**を張る松の木を見た。（　）
9 歩道橋の階**ダン**を上る。（　）
10 党首会**ダン**が行われる。（　）
11 約束の時**コク**に間に合った。（　）
12 自**コク**の利益を守る。（　）

4 次の――線のカタカナを漢字になおしなさい。

1 **テキ**の情報を正確につかむ。
2 コーヒーに**サトウ**を入れて飲む。
3 かつて栄えた一族の**ザントウ**だ。
4 **マンチョウ**時には水位が上がる。
5 郷土の**ハッテン**につくす。
6 新しい案を会議で**ケントウ**する。
7 精神的**クツウ**にたえぬく。
8 館内に**テンジ**された作品を見る。
9 来月から**ヤチン**が上がる。
10 **クロシオ**に乗って魚が回遊する。
11 **トウイン**集会で代表を決める。
12 わが身をつねって人の**イタ**さを知れ

月 日
月 日
月 日

	／12	／12	4 ／12	3 ／12	2 ／10	1 ／12

漢字練習ノートは別冊22ページにあります

ステップ 20

漢字	読み	画数	部首	部首名	漢字の意味	用例
届	音 ―― 訓 とど(ける) とど(く)	8	尸	かばね しかばね	着く・とどける・役所などに申し出る	届け先・届け出・届け物・荷物を届ける・便りが届く
難	音 ナン 訓 むずか(しい) かた(い)高	18	隹	ふるとり	むずかしい・わざわい・相手をせめる	難易・難題・難度・困難・難しい問題・許し難い
乳	音 ニュウ 訓 ちち ち中	8	し	おつ	ちち・ちち状の液・ちぶさ	乳歯・乳製品・牛乳・母乳・乳しぼり・乳飲み子
認	音 ニン中 訓 みと(める)	14	言	ごんべん	みとめる・はっきりと知る	認識・認定・承認・否認・認め印・努力を認める
納	音 ノウ ナッ中 トウ中 ナ高 ナン高 訓 おさ(める) おさ(まる)	10	糸	いとへん	うけ入れる・しまう・お金などをおさめる	納入・収納・納得・出納・納屋・納戸・税金を納める
脳	音 ノウ 訓 ――	11	月	にくづき	のうみそ・頭のはたらき・中心となるもの	脳死・脳髄・脳裏・首脳・頭脳・洗脳・大脳
派	音 ハ 訓 ――	9	氵	さんずい	わかれ・わかれたもの・行かせる	派遣・派生・派手・派閥・特派員・分派・立派・流派

月　日

ステップ 20

1 次の――線の漢字の読みをひらがなで書きなさい。

1 祖父は書道の新しい流派をおこした。
2 難題を次々と解決する。
3 残っていた乳歯がやっとぬけた。
4 たんすに夏物の衣類を収納する。
5 各国の首脳が一堂に会する。
6 コンクールで歌唱力が認められた。
7 病院で行き届いた看護を受ける。
8 父は特派員としてアメリカへ行く。
9 期日までに授業料を納入する。
10 今の実力では決勝進出は難しい。
11 赤ちゃんが母親の乳を無心に吸う。
12 売り上げ金を金庫に納める。

熟語の構成①

二字の熟語では、二つの漢字の間に意味の上で、主に次のような関係があります。

❶反対や対(つい)になる意味の字を組み合わせたもの
<例>寒暖（寒い↔暖かい）

❷同じような意味の字を組み合わせたもの
<例>映写（映す・写す）

（熟語の構成②に続く。）

2 後の[ ]の中から漢字を選んで、次の意味にあてはまる熟語を作りなさい。答えは記号で書きなさい。

〈例〉本をよむこと。（読書）（シ・サ）

1 山の一番上にのぼること。（　・　）

2 まじめで真心がこもっていること。（　・　）

3 はなやかで人の目を引く様子。（　・　）

4 お金などをまだおさめていないこと。（　・　）

5 何人かでわけて受け持つこと。（　・　）

ア誠　イ手　ウ頂　エ未　オ派
カ実　キ登　ク分　ケ納　コ担
サ書　シ読

3 後の[ ]の中の語を漢字になおして類義語（意味がよくにたことば）を書きなさい。[ ]の中の語は一度しか使えません。

1 価格―（　）

2 始末―（　）

3 保管―（　）

4 重荷―（　）

5 様子―（　）

6 方法―（　）

7 簡単―（　）

8 設立―（　）

9 用意―（　）

10 家屋―（　）

じゅうたく・しゅだん・じゅんび・じょうたい・しょぶん・そうせつ・たんじゅん・ねだん・ふたん・ほぞん

4 次の――線のカタカナを漢字になおしなさい。

1 多くのコンナンを乗りこえた。
2 ギュウニュウを温めて飲む。
3 期日通りに商品をノウヒンする。
4 新しい問題がハセイした。
5 ナンドの高い技(わざ)を成功させる。
6 かれは自分の欠点をミトめた。
7 ズノウプレーで試合に勝つ。
8 牧場でチチしぼりを体験する。
9 役所にトドける書類を書く。
10 ムズカしい顔で考えこむ。
11 ノウの構造が解明されつつある。
12 赤ちゃんがボニュウを飲む。

月　日
月　日
月　日

			4	3	2	1
	[ ] ／12	〈 〉 ／12	（ ） ／12	／10	／5	／12

力だめし

第4回

総得点 ／100

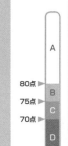

評価 A 80点 B 75点 C 70点 D 60点 E

月　日

1 次の――線の漢字の読みをひらがなで書きなさい。

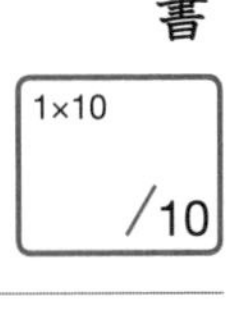

1×10 ／10

1 物語の著者について調べる。（　　）
2 定期券を使って通学する。（　　）
3 機械の操作を覚える。（　　）
4 パソコンでデータを処理する。（　　）
5 写生した絵を展示する。（　　）
6 仕事を立派にやりとげた。（　　）
7 長年同じ会社に勤める。（　　）
8 裁判で無罪を主張する。（　　）
9 原寸大のパネルを表示する。（　　）
10 絶頂の城たのもしき若葉かな（　　）

2 漢字の読みには音と訓があります。次の熟語の読みは□の中のどの組み合わせになっていますか。ア～エの記号で答えなさい。

1×10 ／10

ア 音と音　イ 音と訓
ウ 訓と訓　エ 訓と音

1 派手（　　）
2 巻物（　　）
3 官庁（　　）
4 係員（　　）
5 磁石（　　）
6 探検（　　）
7 手帳（　　）
8 無口（　　）
9 花束（　　）
10 布製（　　）

3 次のカタカナを漢字になおし、一字だけ書きなさい。

2×5 /10

1 天地ソウ造（　）
2 高ソウ住宅（　）
3 情報提キョウ（　）
4 自己負タン（　）
5 ウ宙遊泳（　）

4 次の漢字の太い画のところは筆順の何画目か、また総画数は何画か、算用数字（1、2、3…）で答えなさい。

2×5 /10

〈例〉定（5）何画目〔8〕総画数

1 派（　）何画目〔　〕総画数
2 危（　）〔　〕
3 脳（　）何画目〔　〕総画数
4 承（　）〔　〕
5 乳（　）〔　〕

5 次の漢字の部首と部首名を後の［　］の中から選び、記号で答えなさい。

2×5 /10

〈例〉返〔う〕部首（ク）部首名

1 窓〔　〕部首（　）部首名
2 党〔　〕（　）
3 賃〔　〕部首（　）部首名
4 糖〔　〕（　）
5 誕〔　〕（　）

あ 穴　い 心　う 辶　え 攵　お 口
か 米　き 言　く 亻　け 貝　こ 儿

ア くち　イ こころ
ウ あなかんむり　エ こめへん
オ ごんべん　カ かい・こがい
キ えんにょう　ク しんにょう・しんにゅう
ケ ひとあし・にんにょう　コ にんべん

6 次の――線のカタカナの部分を漢字一字と送りがな（ひらがな）になおしなさい。

1×10 ／10

〈例〉クラブのきまりを**サダメル**。（定める）

1 **フタタビ**ねむりにつく。（　　）
2 薬の効果を**ウタガウ**。（　　）
3 池でつり糸を**タラス**。（　　）
4 先頭との差が**チヂム**。（　　）
5 頭が**イタク**て起きられない。（　　）
6 建設業を**イトナム**。（　　）
7 社長が第一線を**シリゾク**。（　　）
8 弟にわすれ物を**トドケル**。（　　）
9 相手の言い分を**ミトメル**。（　　）
10 白い布地が青く**ソマル**。（　　）

7 後の□の中から漢字を選んで、次の意味にあてはまる熟語を作りなさい。答えは記号で書きなさい。

2×5 ／10

〈例〉本をよむこと。（読書）（シ・サ）

1 よく調べ、よいかどうかを考えること。（　・　）
2 意見や方針を広く表明すること。（　・　）
3 真心を持ってよくつとめること。（　・　）
4 なまえが広く知れわたっていること。（　・　）
5 卒業した学校がおなじであること。（　・　）

ア討　イ実　ウ窓　エ著　オ宣　カ名
キ言　ク同　ケ忠　コ検　サ書　シ読

8 漢字を二字組み合わせた熟語では、二つの漢字の間に意味の上で、次のような関係があります。

1×10 ／10

ア 反対や対(つい)になる意味の字を組み合わせたもの。（例…強弱）
イ 同じような意味の字を組み合わせたもの。（例…進行）
ウ 上の字が下の字の意味を説明(修飾(しゅうしょく))しているもの。（例…国旗）
エ 下の字から上の字へ返って読むと意味がよくわかるもの。（例…消火）

次の熟語は、右のア～エのどれにあたるか、記号で答えなさい。

1 難易（　　）
2 存在（　　）
3 問答（　　）
4 停止（　　）
5 強敵（　　）
6 映写（　　）
7 潮風（　　）
8 帰宅（　　）
9 胸囲（　　）
10 除草（　　）

9 次の――線のカタカナを漢字になおしなさい。

2×10 ／20

1 **オンダン**な地域に移り住む。（　　）
2 週末に本を四**サツ**読んだ。（　　）
3 湖の周囲を**サンサク**する。（　　）
4 **コウチャ**のかおりを楽しむ。（　　）
5 清潔感のある**フクソウ**をする。（　　）
6 ガソリンの**ネダン**が上がる。（　　）
7 魚の**ナイゾウ**を取り除く。（　　）
8 マイクを**ナイゾウ**した録音機だ。（　　）
9 **タンカ**は五句三十一音から成る。（　　）
10 **タンカ**百円の商品を買う。（　　）

郵便はがき

お手数ですが
切手をおはり
ください。

605-0074

(受取人)
京都市東山区祇園町南側
551番地

(公財)日本漢字能力検定協会
書籍アンケート係 行

K2408

フリガナ
お名前

〒 TEL
ご住所

◆Webからでもお答えいただけます◆
下記URL、または右の二次元コードからアクセスしてください。
https://www.kanken.or.jp/kanken/textbook/step.html

ご記入頂きました個人情報は、アンケートの集計及び粗品の送付、今後の(公財)日本漢字能力検定協会の事業に関するご案内以外の目的には使用しません。また、第三者への開示、弊協会外へ漏洩することもございません。(ただし、業務の一部を、業務提携会社に委託する場合があります。)

16歳未満の方は、保護者の同意の上ご記入ください。

個人情報のご記入は任意でありますが、必須事項をご記入頂けない場合は粗品の送付が出来ない場合がございますので、ご注意ください。

ご記入頂きました個人情報に関する開示、訂正等お問い合わせは、下記の窓口へお願いします。

(公財)日本漢字能力検定協会　個人情報保護責任者　事務局長
個人情報相談窓口　https://www.kanken.or.jp/privacy/

今後の出版事業に役立てたいと思いますので、下記のアンケートにご協力ください。抽選で粗品をお送りします。

お買い上げいただいた本（級に○印をつけてください）

『漢検　漢字学習ステップ』

2級　準2級　3級　4級　5級　6級　7級　8級　9級　10級

●年齢＿＿＿＿＿歳　　　●性別　男・女

●この教材で学習したあと、漢字検定を受検しましたか？
その結果を教えてください。

a. 受検した（合格）　b. 受検した（不合格）　c. 受検した（結果はまだわからない）　d. 受検していない・受検する予定がない　e. これから受検する・受検するつもりがある

●この教材で学習したことで、語彙力（ごいりょく）がついたと思いますか？

a. 思う　b. 思わない　c. どちらともいえない

●この教材で学習したことで、漢字・日本語への興味はわきましたか？

a. わいた　b. わかなかった　c. どちらともいえない

●この教材で学習したことで、学習習慣は身につきましたか？

a. ついた　b. つかなかった　c. どちらともいえない

●この教材で学習したことで、漢字への自信はつきましたか？

a. ついた　b. つかなかった　c. どちらともいえない

●この教材に満足しましたか？

a. 非常に満足した　b. ある程度満足した　c. どちらともいえない
d. あまり満足しなかった　e. 全く満足しなかった

●この教材で満足したところを、具体的に教えてください。

（　　　　　　　　　　　　　　）

●この教材で不満だったところを、具体的に教えてください。

（　　　　　　　　　　　　　　）

●この教材と一緒に使った教材はありますか？
書籍名を教えてください。

（　　　　　　　　　　　　　　）

ご協力ありがとうございました。

クイズであそぼ！7

漢字が、部首（上のヘビ）と、そうでない部分（下のヘビ）とに分かれているよ。うまく組み合わせて、六つの漢字を完成させよう。

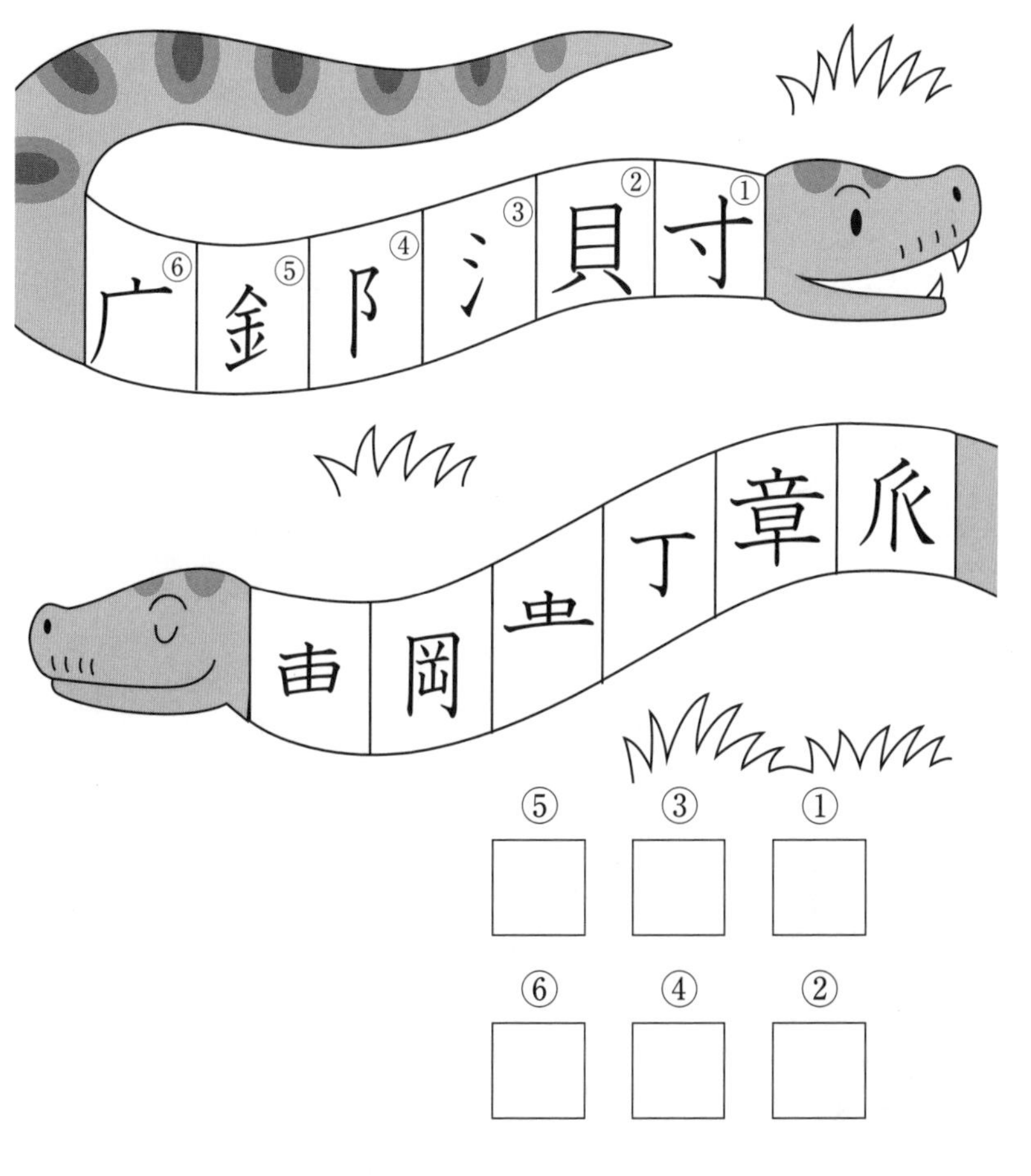

⑤	③	①
⑥	④	②

答えは 別冊標準解答 22 ページ

クイズであそぼ！8

カメのこうらの真ん中に漢字を入れると、六つの熟語が作れるよ。真ん中に入る漢字を考えよう。

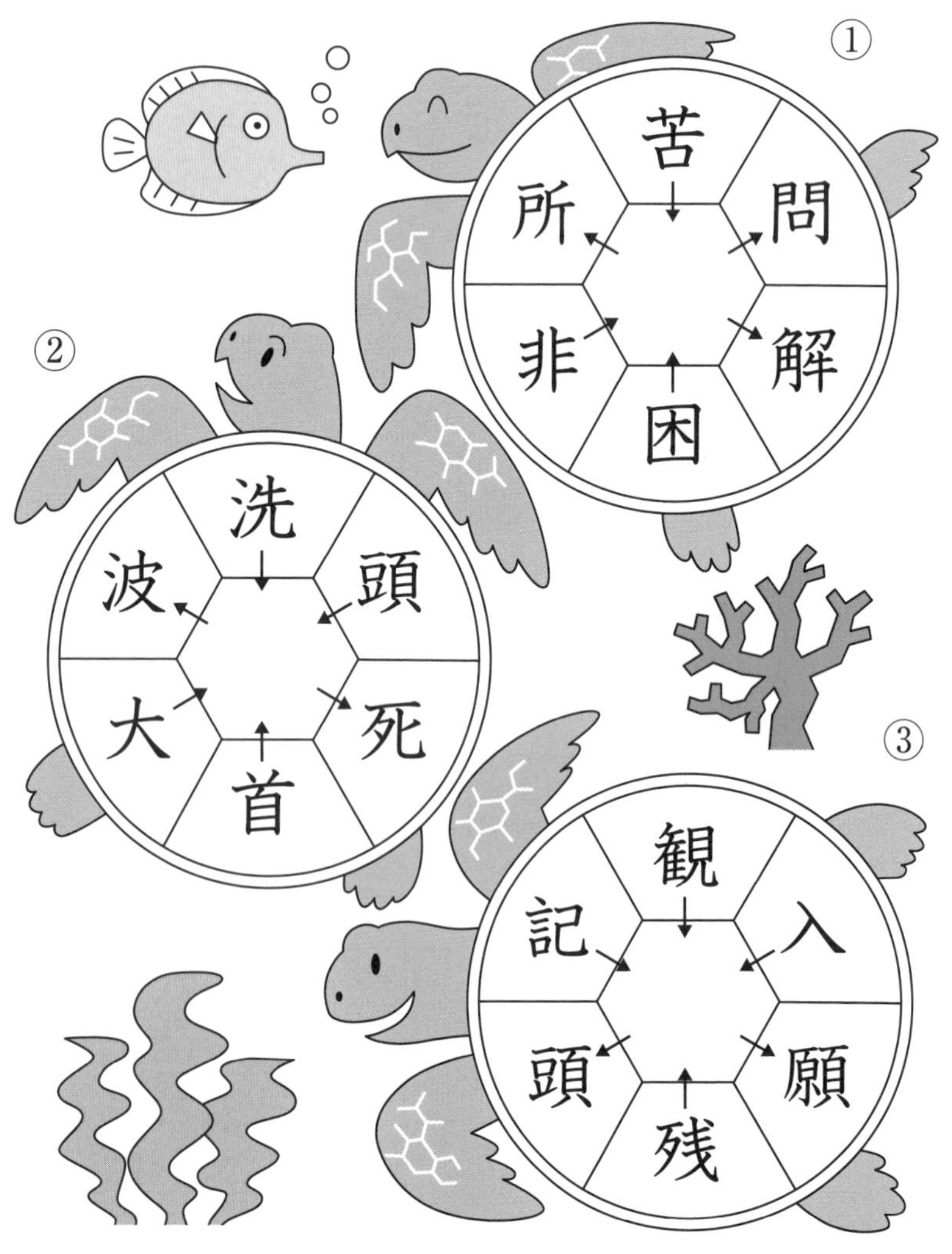

答えは 別冊標準解答 22 ページ

漢字練習ノートは別冊23ページにあります

ステップ21

漢字	読み	画数	部首	部首名	漢字の意味	用例	筆順
拝	音 ハイ 訓 おが(む)	8	扌	てへん	おがむ・おじぎする・つつしんで受ける	拝観(はいかん)・拝啓(はいけい)・拝借(はいしゃく)・拝礼(はいれい)・参拝(さんぱい)・崇拝(すうはい)・仏様(ほとけさま)を拝(おが)む	拝拝拝拝拝拝拝拝
背	音 ハイ 訓 せ せい そむ(く)中 そむ(ける)中	9	肉	にく	せなか・うしろ・そむく・うらぎる	背景(はいけい)・背後(はいご)・面従腹背(めんじゅうふくはい)・背中(せなか)・背比(せいくら)べ・教(おし)えに背(そむ)く	背背背背背背背背背
肺	音 ハイ 訓 —	9	月	にくづき	はい・心のうち	肺炎(はいえん)・肺活量(はいかつりょう)・肺呼吸(はいこきゅう)・肺臓(はいぞう)	肺肺肺肺肺肺肺肺肺
俳	音 ハイ 訓 —	10	亻	にんべん	役者・芸人・俳句のこと	俳諧(はいかい)・俳画(はいが)・俳句(はいく)・俳号(はいごう)・俳人(はいじん)・俳優(はいゆう)	俳俳俳俳俳俳俳俳俳俳
班	音 ハン 訓 —	10	王	おうへん たまへん	人を組み分けしたもの・小単位の集団	班員(はんいん)・班長(はんちょう)・一班(いっぱん)・各班(かくはん)・首班(しゅはん)・調査班(ちょうさはん)	班班班班班班班班班班
晩	音 バン 訓 —	12	日	ひへん	夜・おそい・おくれる	晩秋(ばんしゅう)・晩成(ばんせい)・晩年(ばんねん)・晩飯(ばんめし)・朝晩(あさばん)・今晩(こんばん)・早晩(そうばん)・毎晩(まいばん)	晩 2 晩 4 晩晩晩晩晩晩晩晩
否	音 ヒ 訓 いな 高	7	口	くち	ことわる・うちけす・反対の意味を表す	否決(ひけつ)・否定(ひてい)・否認(ひにん)・安否(あんぴ)・賛否両論(さんぴりょうろん)・賛成(さんせい)か否(いな)か	否否否否否否否

月　日

ステップ 21

1 次の――線の漢字の読みをひらがなで書きなさい。

1 家族そろって寺院を拝観する。

2 反対多数で議案が否決された。

3 城を背にして記念写真をとる。

4 病院で肺活量を測ってもらった。

5 晩秋になるとわたり鳥がやってくる。

6 班長がみんなの意見をまとめる。

7 青空を背景にコスモスがさいている。

8 根も葉もないうわさを否定する。

9 山頂で初日の出を拝む。

10 鼻や口から吸った空気は肺に流れる。

11 有名な俳人が句集を出版した。

12 日の暮(く)れの背中さびしきもみじかな

熟語の構成②

❸上の字が下の字の意味を説明（修飾（しゅうしょく））しているもの
<例>値札（値の札）・善行（善い行い）

❹下の字から上の字へ返って読むと意味がよくわかるもの
<例>登頂（頂に登る）・負傷（傷を負う）

❺上の字が下の字の意味を打ち消しているもの
<例>不忠・未熟

2 次の（　）に扌（てへん）の漢字を入れて熟語を作りなさい。

1 取（しゃ）
2 発（き）
3 （はい）礼
4 体（そう）
5 （しょう）待
6 （たん）任
7 （すい）進
8 （かく）張
9 （たん）査
10 （さい）集

3 次の各組の――線の漢字の読みをひらがなで書きなさい。

1 牛乳　2 乳しぼり
3 背後　4 背泳ぎ
5 縮尺　6 のび縮み
7 暖流　8 暖める
9 苦痛　10 痛手

1（　）2（　）3（　）4（　）5（　）6（　）7（　）8（　）9（　）10（　）

4 次の――線のカタカナを漢字になおしなさい。

1 **ハイゴ**から声をかけられた。（　　）
2 法案は採決で**カヒ**同数となった。（　　）
3 短歌や**ハイク**は日本独特の詩だ。（　　）
4 **セスジ**をのばして歩く。（　　）
5 神社の**サンパイ**の作法を学ぶ。（　　）
6 クラスを**ハン**に分ける。（　　）
7 **ハイ**がんを早期に発見する。（　　）
8 **マイバン**ねる前に歯をみがく。（　　）
9 友達と**セイクラ**べをする。（　　）
10 祖母が仏前で熱心に**オガ**む。（　　）
11 話し合った後で**サンピ**を問う。（　　）
12 文豪（ぶんごう）の**バンネン**の作品を読む。（　　）

月　日　〈　　〉　月　日　［　　］　月　日

	［ ］ /12	〈 〉 /12	4 （ ） /12	3 /10	2 /10	1 /12

漢字練習ノートは別冊 24 ページにあります

ステップ 22

漢字	読み	画数	部首	部首名	漢字の意味	用例	筆順
批	音 ヒ / 訓 ―	7	扌	てへん	よいわるいをきめる・主権者がみとめる	批准(ひじゅん)・批難(ひなん)・批判(ひはん)・批評(ひひょう)	批批批批批批批
秘	音 ヒ / 訓 ひ(める)中	10	禾	のぎへん	かくす・人の知恵(ちえ)ではおよばない・通じない	秘境(ひきょう)・秘蔵(ひぞう)・秘宝(ひほう)・秘密(ひみつ)・極秘(ごくひ)・神秘(しんぴ)・心(こころ)に秘(ひ)める	秘秘秘秘秘秘秘秘秘秘
俵	音 ヒョウ / 訓 たわら	10	亻	にんべん	米や炭などを入れるわらのふくろ・たわら	一俵(いっぴょう)・土俵(どひょう)・米俵(こめだわら)・炭俵(すみだわら)	俵俵俵俵俵俵俵俵俵俵
腹	音 フク / 訓 はら	13	月	にくづき	おなか・考え・心の中・全体のなかほど	腹痛(ふくつう)・中腹(ちゅうふく)・抱腹絶倒(ほうふくぜっとう)・立腹(りっぷく)・裏腹(うらはら)・腹(はら)を割(わ)る	腹腹腹腹腹腹腹腹腹腹
奮	音 フン / 訓 ふる(う)	16	大	だい	気持ちをふるいたたせる	奮起(ふんき)・奮戦(ふんせん)・奮励努力(ふんれいどりょく)・興奮(こうふん)・勇気(ゆうき)を奮(ふる)う	奮奮奮奮奮奮奮奮奮奮
並	音 ヘイ中 / 訓 なみ、なら(べる)、なら(ぶ)、なら(びに)	8	一	いち	ならぶ・ならべる・ふつう	並行(へいこう)・並立(へいりつ)・並列(へいれつ)・並木(なみき)・手並(てな)み・机(つくえ)を並(なら)べる	並並並並並並並並
陛	音 ヘイ / 訓 ―	10	阝	こざとへん	天皇や皇后などをうやまった呼び名	陛下(へいか)・女王陛下(じょおうへいか)・天皇陛下(てんのうへいか)	陛陛陛陛陛陛陛陛陛陛
閉	音 ヘイ / 訓 と(じる)、し(める)、し(まる)、と(ざす)中	11	門	もんがまえ	入口をしめる・とじこめる・終わりにする	閉館(へいかん)・閉店(へいてん)・閉幕(へいまく)・開閉(かいへい)・閉(と)じ込(こ)める・窓(まど)を閉(し)める	閉閉閉閉閉閉閉閉閉閉

月　日

ステップ 22

1 次の——線の漢字の読みをひらがなで書きなさい。

1 図書館は月曜日が閉館日だ。

2 かれの勝手な行動が批判された。

3 天皇陛下が開会式に出席された。

4 おもちゃをこわされて腹を立てる。

5 サッカーの決勝戦をみて興奮した。

6 イチョウの並木道がきれいだ。

7 この寺の門は午後五時に閉まる。

8 秘境を探検した人が無事にもどる。

9 人気の力士が土俵入りする。

10 家に閉じこもらず、外で遊ぼう。

11 店先に品物をきれいに並べる。

12 勇気を奮って不正に立ち向かう。

四字の熟語①

四字の熟語は、ほとんどが二字の熟語を二つ重ねて作られたもので、主に次のようなものがあります。

❶数字が使われてできているもの

<例>一石二鳥・十人十色

❷上の二字と下の二字が似た意味で一対（いっつい）になっているもの

<例>自由自在（自由・自在）

（四字の熟語②に続く。）

2 次のカタカナを漢字になおし、一字だけ書きなさい。

1 大器バン成（　）
2 無理ナン題（　）
3 器械体ソウ（　）
4 自キュウ自足（　）
5 永久保ゾン（　）
6 タン刀直入（　）
7 セン門用語（　）
8 首ノウ会議（　）
9 負タン軽減（　）
10 ゾウ器移植（　）

3 漢字を二字組み合わせた熟語では、二つの漢字の間に意味の上で、次のような関係があります。

ア 反対や対（つい）になる意味の字を組み合わせたもの。（例…強弱）
イ 同じような意味の字を組み合わせたもの。（例…進行）
ウ 上の字が下の字の意味を説明（修飾（しゅうしょく））しているもの。（例…国旗）
エ 下の字から上の字へ返って読むと意味がよくわかるもの。（例…消火）
オ 上の字が下の字の意味を打ち消しているもの。（例…非常）

次の熟語は、右のア〜オのどれにあたるか、記号で答えなさい。

1 開閉（　）
2 収納（　）
3 不備（　）
4 立腹（　）
5 班長（　）
6 寒暖（　）
7 牛乳（　）
8 未知（　）
9 善良（　）
10 登頂（　）

4 次の――線のカタカナを漢字になおしなさい。

1 目を**トじ**て好きな音楽をきく。
2 山の**チュウフク**に雲がたなびく。
3 二列に**ナラ**んで開館を待つ。
4 スーパーは十時に**ヘイテン**した。
5 国民は女王**ヘイカ**を敬う。
6 新聞の**ヒヒョウ**記事を読む。
7 部屋に入ったらドアを**シ**める。
8 地域の行事に**フル**って参加する。
9 **ヒゾウ**の本を図書館に寄付する。
10 **コメダワラ**をかついで運ぶ。
11 決勝で強敵相手に**フンセン**する。
12 **ハラ**八分に医者いらず

月　日
月　日
月　日

1	2	3	4		
／12	／10	／10	／12	／12	／12

漢字練習ノートは別冊25ページにあります

ステップ 23

漢字	片	補	暮	宝	訪	亡	忘
読み	音 ヘン 中 訓 かた	音 ホ 訓 おぎな(う)	音 ボ 中 訓 く(れる) く(らす)	音 ホウ 訓 たから	音 ホウ 訓 たず(ねる) おとず(れる) 中	音 ボウ モウ 高 訓 な(い) 高	音 ボウ 中 訓 わす(れる)
画数	4	12	14	8	11	3	7
部首	片	衤	日	宀	言	亠	心
部首名	かた	ころもへん	ひ	うかんむり	ごんべん	なべぶた けいさんかんむり	こころ
漢字の意味	きれはし・かけら・わずか・すこし	たりないところをつけたす・たすける	日ぐれ・季節や年の末	たから・すぐれた・貴重な	人の家やよその土地をたずねる・おとずれる	なくなる・ほろびる・いなくなる・死ぬ	わすれる・覚えていない
用例	片言隻語(へんげんせきご)・断片(だんぺん)・破片(はへん)・片足(かたあし)・片側(かたがわ)・片方(かたほう)・片道(かたみち)	補給(ほきゅう)・補強(ほきょう)・補習(ほしゅう)・補修(ほしゅう)・補足(ほそく)・候補(こうほ)・欠員(けついん)を補(おぎな)う	暮春(ぼしゅん)・歳暮(せいぼ)・朝令暮改(ちょうれいぼかい)・夕暮(ゆうぐ)れ・豊(ゆた)かな暮(く)らし	宝庫(ほうこ)・宝石(ほうせき)・国宝(こくほう)・財宝(ざいほう)・重宝(ちょうほう)・秘宝(ひほう)・宝船(たからぶね)・子宝(こだから)	訪欧(ほうおう)・訪問(ほうもん)・来訪(らいほう)・歴訪(れきほう)・春(はる)の訪(おとず)れ・旧友(きゅうゆう)を訪(たず)ねる	亡命(ぼうめい)・興亡(こうぼう)・死亡(しぼう)・存亡(そんぼう)・逃亡(とうぼう)・亡者(もうじゃ)・親(おや)を亡(な)くす	忘我(ぼうが)・忘却(ぼうきゃく)・備忘録(びぼうろく)・忘(わす)れ物(もの)・我(われ)を忘(わす)れる
筆順	片 片 片 片	補 2 補 補 補 補 補 補 補 10 補 補	暮 暮 3 暮 暮 暮 7 暮 暮 10 暮 暮 暮 14	宝 宝 宝 宝 宝 宝 宝 宝	訪 訪 訪 4 訪 訪 訪 訪 訪 訪 訪	亡 亡 亡	忘 忘 忘 忘 忘 忘 忘

月　日

ステップ 23

1 次の――線の漢字の読みをひらがなで書きなさい。

1 道に迷って途方（とほう）に暮れた。
2 片足で立ってバランスを取る。
3 国宝に指定された建造物を見た。
4 こまめに水分を補給する。
5 首相（しゅしょう）がアジア諸国を歴訪する。
6 王朝の興亡について研究する。
7 果物でビタミンの不足を補う。
8 エジプトの秘宝を展示する。
9 時間のたつのも忘れて読書をする。
10 各地の名所を訪ねる旅に出た。
11 家族そろって元気に暮らす。
12 この絵巻物はわが家の宝だ。

四字の熟語②

❸上の二字と下の二字が反対の意味になっているもの
<例>異口同音（異口↔同音）・半信半疑（半信↔半疑）
❹上の二字と下の二字が主語と述語の関係になっているもの
<例>大器晩成（大器は晩成する）
❺上の二字と下の二字が修飾（しゅうしょく）・被（ひ）修飾の関係または連続関係にあるもの　<例>単刀直入（単刀で直入する）

2 次の——線のカタカナを漢字になおしなさい。

1 **ホシュウ**授業に出席する。（　　　）
2 校舎の**ホシュウ**工事をする。（　　　）
3 **コウソウ**ビルが立ちならぶ。（　　　）
4 長編小説の**コウソウ**を練る。（　　　）
5 **トウブン**雨が続くらしい。（　　　）
6 食事の**トウブン**をひかえる。（　　　）
7 兄は外交官**シボウ**だ。（　　　）
8 交通事故の**シボウ**者が減る。（　　　）
9 新しい**セイトウ**を組織する。（　　　）
10 **セイトウ**な理由を主張する。（　　　）
11 市町村に税金を**オサ**める。（　　　）
12 君主が天下を**オサ**める。（　　　）

3 後の[　]の中から漢字を選んで、次の意味にあてはまる熟語を作りなさい。答えは記号で書きなさい。

〈例〉本をよむこと。（読書）（セ・ス）

1 たりないところを付け加えること。（　・　）
2 勇気をふるいおこすこと。（　・　）
3 よい悪いをみわけて意見を言うこと。（　・　）
4 一生の終わりに近い時期。（　・　）
5 使い勝手がよく便利なこと。（　・　）
6 人がたずねてくること。（　・　）

ア足　イ奮　ウ訪　エ批　オ重
カ起　キ年　ク評　ケ晩　コ来
サ補　シ宝　ス書　セ読

4 次の——線のカタカナを漢字になおしなさい。

1 黒板に図示して説明を**オギナ**う。（　）（　）〈　〉〈　〉［　］［　］
2 日本の近海は魚の**ホウコ**だ。（　）（　）〈　〉〈　〉［　］［　］
3 駅まで**カタミチ**十五分かかる。（　）（　）〈　〉〈　〉［　］［　］
4 雪国の**ク**らしに慣れてきた。（　）（　）〈　〉〈　〉［　］［　］
5 破損した橋脚（きょうきゃく）を**ホキョウ**する。（　）（　）〈　〉〈　〉［　］［　］
6 日曜日に先生を**タズ**ねた。（　）（　）〈　〉〈　〉［　］［　］
7 かれはアメリカに**ボウメイ**した。（　）（　）〈　〉〈　〉［　］［　］
8 弟は砂場で**タカラ**さがしをした。（　）（　）〈　〉〈　〉［　］［　］
9 日が**ク**れて気温が急に下がった。（　）（　）〈　〉〈　〉［　］［　］
10 歩道の**カタガワ**を空けて歩く。（　）（　）〈　〉〈　〉［　］［　］
11 就職したい会社を**ホウモン**する。（　）（　）〈　〉〈　〉［　］［　］
12 のどもと過ぎれば熱さを**ワス**れる（　）（　）〈　〉〈　〉［　］［　］

月　日　月　日　月　日

1	2	3	4	（　）	〈　〉	［　］
/12	/12	/6	/12	/12	/12	/12

漢字練習ノートは別冊 26 ページにあります

ステップ 24

漢字	読み	画数	部首	部首名	漢字の意味	用例	筆順
棒	音 ボウ / 訓 —	12	木	きへん	ぼう・いっしょにやる仲間・まっすぐなこと	相棒（あいぼう）・片棒（かたぼう）・針小棒大（しんしょうぼうだい）・鉄棒（てつぼう）・泥棒（どろぼう）・麺棒（めんぼう）	
枚	音 マイ / 訓 —	8	木	きへん	かぞえあげる・平たいものを数える語	枚挙（まいきょ）・枚数（まいすう）・一枚看板（いちまいかんばん）・大枚（たいまい）・二枚舌（にまいじた）・二枚目（にまいめ）	
幕	音 マク・バク / 訓 —	13	巾	はば	しきりやかざりなどに使う大きな布・幕府	幕切れ（まくぎれ）・暗幕（あんまく）・煙幕（えんまく）・開幕（かいまく）・閉幕（へいまく）・幕府（ばくふ）・幕末（ばくまつ）	
密	音 ミツ / 訓 —	11	宀	うかんむり	すきまがない・くわしい・こっそりと	密集（みっしゅう）・密接（みっせつ）・密閉（みっぺい）・密林（みつりん）・緊密（きんみつ）・親密（しんみつ）・秘密（ひみつ）・綿密（めんみつ）	
盟	音 メイ / 訓 —	13	皿	さら	約束して仲間となる・ちかいあった仲間	盟主（めいしゅ）・盟約（めいやく）・盟友（めいゆう）・加盟（かめい）・同盟（どうめい）・連盟（れんめい）	
模	音 モ・ボ / 訓 —	14	木	きへん	てほん・まねる・かたち・かまえや大きさ	模擬（もぎ）・模型（もけい）・模索（もさく）・模写（もしゃ）・模範（もはん）・模倣（もほう）・模様（もよう）・規模（きぼ）	
訳	音 ヤク / 訓 わけ	11	言	ごんべん	やくす・意味・理由	訳語（やくご）・訳文（やくぶん）・抄訳（しょうやく）・通訳（つうやく）・翻訳（ほんやく）・言い訳（いいわけ）・内訳（うちわけ）	

月　日

ステップ 24

1 次の――線の漢字の読みをひらがなで書きなさい。

1 この小説は五か国語に訳された。

2 チームは開幕から十連勝した。

3 栄養と健康は密接な関係にある。

4 名画の模写を展示する。

5 会合におくれて来た訳を話す。

6 よき相棒として共に働く。

7 この空模様では明日は雨になりそうだ。

8 失敗例は枚挙にいとまがない。

9 多くの国が国連に加盟している。

10 江戸（えど）幕府は二百六十年余り続いた。

11 この競技場は日本一の規模をほこる。

12 綿密に登山の計画を立てる。

送りがなで意味が変わる漢字

訓読みする漢字を使うとき、読みまちがえないように漢字の下につける「かな」のことを送りがなといいます。送りがなのつけ方によって、読み方や意味が変わる場合もあります。

<例>降りる（おーりる）・降る（ふーる）

着る（きーる）・着く（つーく）

苦しい（くるーしい）・苦い（にがーい）

2 漢字を二字組み合わせた熟語では、二つの漢字の間に意味の上で、次のような関係があります。

ア　反対や対(つい)になる意味の字を組み合わせたもの。（例…強弱）
イ　同じような意味の字を組み合わせたもの。（例…進行）
ウ　上の字が下の字の意味を説明(修飾(しゅうしょく))しているもの。（例…国旗）
エ　下の字から上の字へ返って読むと意味がよくわかるもの。（例…消火）

次の熟語は、右のア～エのどれにあたるか、記号で答えなさい。

1 退席（　）
2 価値（　）
3 密林（　）
4 閉幕（　）
5 豊富（　）
6 国宝（　）
7 難易（　）
8 郷里（　）
9 可否（　）
10 米俵（　）

3 次の（　）にあてはまる語を後の□の中から選んで漢字になおし、四字の熟語を作りなさい。□の中の語は一度しか使えません。

1 （　）大敵
2 （　）機械
3 （　）日光
4 （　）存亡
5 （　）無実
6 家庭（　）
7 栄養（　）
8 針小（　）
9 空前（　）
10 鉄道（　）

ききゅう・せいみつ・ぜつご・ちょくしゃ・ぼうだい・ほうもん・ほきゅう・もけい・ゆうめい・ゆだん

4 次の——線のカタカナを漢字になおしなさい。

1 国の予算の**ウチワケ**を公開する。（　）
2 兄は**テツボウ**が得意だ。（　）
3 **バクマツ**の文化について学ぶ。（　）
4 夏休みに船の**モケイ**を作る。（　）
5 木造の建物が**ミッシュウ**する。（　）
6 外国語を**ツウヤク**してもらう。（　）
7 配付資料の**マイスウ**を確かめる。（　）
8 二つの国が**ドウメイ**を結ぶ。（　）
9 会場に紅白の**マク**を張る。（　）
10 二人だけの**ヒミツ**を守る。（　）
11 花**モヨウ**の着物を気に入る。（　）
12 犬も歩けば**ボウ**に当たる（　）

月　日
月　日
月　日

	［］	〈〉	4 （）	3	2	1
!	／12	／12	／12	／10	／10	／12

漢字練習ノートは別冊27ページにあります

ステップ 25

漢字	郵	優	預	幼	欲	翌	乱	卵
読み	音 ユウ 訓 ―	音 ユウ 訓 やさ(しい)中 すぐ(れる)中	音 ヨ 訓 あず(ける) あず(かる)	音 ヨウ 訓 おさな(い)	音 ヨク 訓 ほ(しい)中 ほっ(する)高	音 ヨク 訓 ―	音 ラン 訓 みだ(れる) みだ(す)	音 ラン中 訓 たまご
画数	11	17	13	5	11	11	7	7
部首	阝	亻	頁	幺	欠	羽	乚	卩
部首名	おおざと	にんべん	おおがい	よう いとがしら	あくび かける	はね	おつ	わりふ ふしづくり
漢字の意味	手紙や小包などを送りとどけること	上品な・すぐれている・手厚い・役者	相手にあずける	年がすくない・おさない	そうしたいと思う・手に入れたいと思う	つぎの・あくる	まとまりがなくなる・争いごと・むやみに	たまご
用例	郵券(ゆうけん)・郵送(ゆうそう)・書留郵便(かきとめゆうびん)	優勝(ゆうしょう)・優先(ゆうせん)・声優(せいゆう)・俳優(はいゆう)・優(やさ)しい人(ひと)・力(ちから)が優(すぐ)れる	預金(よきん)・一時預(いちじあず)かり・犬(いぬ)を預(あず)ける・家計(かけい)を預(あず)かる	幼児(ようじ)・幼少(ようしょう)・幼稚(ようち)・幼虫(ようちゅう)・長幼(ちょうよう)・幼友達(おさなともだち)・幼(おさな)なじみ	欲望(よくぼう)・意欲(いよく)・食欲(しょくよく)・貪欲(どんよく)・欲(ほ)しい物(もの)・欲(ほっ)するまま	翌月(よくげつ)・翌日(よくじつ)・翌週(よくしゅう)・翌秋(よくしゅう)・翌春(よくしゅん・よくはる)・翌年(よくねん・よくとし)・翌晩(よくばん)	乱雑(らんざつ)・乱暴(らんぼう)・一心不乱(いっしんふらん)・混乱(こんらん)・散乱(さんらん)・列(れつ)を乱(みだ)す	卵黄(らんおう)・卵巣(らんそう)・卵白(らんぱく)・産卵(さんらん)・卵焼(たまごや)き・ゆで卵(たまご)・医師(いし)の卵(たまご)
筆順	郵2 郵 郵 郵 郵 郵 郵 郵 郵 郵	優2 優4 優6 優8 優10 優12 優14 優 優 優	預 預 預 預 預6 預 預 預10 預 預13	幼 幼 幼 幼 幼	欲2 欲 欲 欲 欲 欲 欲 欲 欲 欲	翌 翌 翌 翌 翌 翌 翌 翌 翌10 翌	乱 乱 乱 乱 乱 乱 乱	卵 卵 卵 卵 卵 卵 卵

月　日

ステップ 25

1 次の——線の漢字の読みをひらがなで書きなさい。

1 ダチョウの卵はかたくて大きい。

2 乱雑な部屋を整理する。

3 父の幼い時の写真を見た。

4 声優を志して専門学校に入る。

5 マツタケの香りが食欲をそそる。

6 幼虫がさなぎになる。

7 雨天のため運動会は翌日に延びた。

8 ホテルに荷物を預けて観光する。

9 おじが招待券を郵送してくれた。

10 幼少のころからピアノを習う。

11 生活のリズムを乱さないようにする。

12 欲張るとかえって損をする。

形や名前の変わる部首

部首には、漢字のどの部分に位置するかによって、形や名前が変化するものがあります。

<例>「火（ひ）」（灰・災・炭など）

→「へん」のとき…「火（ひへん）」（灯・燃など）

→「あし」のとき…「灬（れんが・れっか）」（熟・照・熱など）

2 後の［　］の中のひらがなを漢字になおして、対義語（意味が反対や対（つい）になることば）と、類義語（意味がよくにたことば）を書きなさい。［　］の中のひらがなは一度だけ使い、漢字一字を書きなさい。

対義語

1 冷静—興（　）
2 実物—（　）型
3 往復—（　）道
4 整理—散（　）
5 散在—（　）集

類義語

6 加入—加（　）
7 後方—（　）後
8 役者—俳（　）
9 開演—開（　）
10 死去—死（　）

かた・はい・ふん・ぼう・まく・みっ・めい・も・ゆう・らん

3 次の各組の——線の漢字の読みをひらがなで書きなさい。

1 窓口で預金を引き出す。（　）
2 母から伝言を預かる。（　）

3 英語を日本語に通訳する。（　）
4 言い訳をせずにあやまる。（　）

5 近くの神社に参拝する。（　）
6 太陽を拝む風習がある。（　）

7 とびらの開閉に気をつける。（　）
8 チョウが羽を閉じる。（　）

9 山の中腹にさしかかる。（　）
10 腹の底から声を出して歌う。（　）

11 本は知識の宝庫だ。（　）
12 宝くじ売り場に列ができる。（　）

4 次の——線のカタカナを漢字になおしなさい。

1 旅行中の留守を**アズ**かる。
2 **ヨクボウ**を抑(おさ)えることも大事だ。
3 先取点をあげて**ユウイ**に立つ。
4 砂場で**ヨウジ**が三人遊んでいる。
5 雪の日の**ユウビン**配達は大変だ。
6 コスモスが美しくさき**ミダ**れる。
7 かれは医者の**タマゴ**だ。
8 目標達成への**イヨク**が高まる。
9 **ヨクシュウ**の土曜に試合がある。
10 兄は県大会で**ユウショウ**した。
11 急な停電で場内が**コンラン**する。
12 **オサナ**い子と共に落ち葉を拾う。

（ 　）（ 　）（ 　）（ 　）（ 　）（ 　）（ 　）（ 　）（ 　）（ 　）（ 　）（ 　）

月　日

〈 　〉〈 　〉〈 　〉〈 　〉〈 　〉〈 　〉〈 　〉〈 　〉〈 　〉〈 　〉〈 　〉〈 　〉

月　日

［ 　］［ 　］［ 　］［ 　］［ 　］［ 　］［ 　］［ 　］［ 　］［ 　］［ 　］［ 　］

月　日

1	2	3	4 （ ）	〈 〉	［ ］
／12	／10	／12	／12	／12	／12

漢字練習ノートは別冊 28 ページにあります

ステップ 26

漢字	読み	画数	部首	部首名	漢字の意味	用例	筆順
覧	音 ラン　訓 ―	17	見	みる	よく見る・ながめわたす	閲覧(えつらん)・回覧(かいらん)・観覧車(かんらんしゃ)・展覧会(てんらんかい)・博覧強記(はくらんきょうき)・遊覧船(ゆうらんせん)	10, 15, 17
裏	音 リ 中　訓 うら	13	衣	ころも	うらがわ・うちがわ	裏面(りめん)・内裏(だいり)・脳裏(のうり)・裏表(うらおもて)・裏側(うらがわ)・裏庭(うらにわ)・裏目(うらめ)・天井裏(てんじょううら)	2, 4, 6
律	音 リツ、リチ 高　訓 ―	9	彳	ぎょうにんべん	きまり・おきて・音楽の調子	律動(りつどう)・一律(いちりつ)・韻律(いんりつ)・規律(きりつ)・自律(じりつ)・旋律(せんりつ)・調律(ちょうりつ)・法律(ほうりつ)	
臨	音 リン　訓 のぞ(む) 中	18	臣	しん	すぐそばにある・その場に居あわせる	臨海(りんかい)・臨機応変(りんきおうへん)・臨時(りんじ)・臨場感(りんじょうかん)・臨席(りんせき)・試合(しあい)に臨(のぞ)む	3, 5, 12, 15, 18
朗	音 ロウ　訓 ほが(らか) 中	10	月	つき	気分が明るくなる・声がすんでよくとおる	朗唱(ろうしょう)・朗読(ろうどく)・朗報(ろうほう)・明朗快活(めいろうかいかつ)・朗(ほが)らかな性格(せいかく)	
論	音 ロン　訓 ―	15	言	ごんべん	筋道を立てて述べる・意見・考え・言いあう	論旨(ろんし)・異論(いろん)・議論(ぎろん)・口論(こうろん)・賛否両論(さんぴりょうろん)・討論(とうろん)・理論(りろん)	2, 4, 7, 15

月　日

ステップ 26

1 次の――線の漢字の読みをひらがなで書きなさい。

1 自然の保護について討論する。
2 屋上の観覧車から夜景を見わたす。
3 答案用紙を裏にして待つ。
4 近くに大きな臨海工業地帯がある。
5 兄から合格したという朗報が届く。
6 規律正しい生活を送ろう。
7 画用紙の裏表を確かめる。
8 公民館だよりを町内で回覧する。
9 演奏会に備えてピアノの調律をする。
10 市長が臨席して成人式が行われた。
11 友人は明朗で快活な性格だ。
12 異論を認めない高圧的な態度を取る。

似た意味の部首

部首には、形がちがっていても似た意味のものがあります。
・「宀（うかんむり）」、「广（まだれ）」＝家に関係するもの
<例>宅・宝　座・庁
・「衣（ころも）」、「巾（はば）」＝布に関係するもの
<例>裁・装　帯・幕

2 次の漢字の太い画のところは筆順の何画目か、また総画数は何画か、算用数字（1、2、3…）で答えなさい。

〈例〉定（5）〔8〕

1 糖（　）〔　〕
2 蒸（　）〔　〕
3 郵（　）〔　〕
4 覧（　）〔　〕
5 臨（　）〔　〕
6 欲（　）〔　〕
7 卵（　）〔　〕
8 訪（　）〔　〕
9 幼（　）〔　〕
10 聖（　）〔　〕

3 次の漢字の部首を書き、同じ部首を持つ漢字を後の［　］の中から一字選びなさい。

〈例〉研〔石〕〈砂〉

1 裏〔　〕〈　〉
2 模〔　〕〈　〉
3 論〔　〕〈　〉
4 郵〔　〕〈　〉
5 預〔　〕〈　〉
6 律〔　〕〈　〉
7 忘〔　〕〈　〉
8 乱〔　〕〈　〉
9 密〔　〕〈　〉
10 盟〔　〕〈　〉

郷・砂・従・処・盛・装・頂・忠・乳・認・宝・枚・予・輪

4 次の――線のカタカナを漢字になおしなさい。

1 父は**ホウリツ**にくわしい。
2 **ユウラン**船で湖を一周する。
3 かれは新しい**リロン**を発見した。
4 明日は**テンラン**会に行く予定だ。
5 年末は**リンジ**列車が増発される。
6 **ウラニワ**の花が美しい。
7 **ジリツ**神経のバランスが乱れる。
8 水の問題について**ギロン**する。
9 クラス全員で詩を**ロウドク**する。
10 質問に**リンキ**応変に答える。
11 探査機が月の**ウラガワ**へ回る。
12 校歌をみんなで**ロウショウ**する。

月 日
月 日
月 日

1	2	3	4			
／12	／10	／10	／12	／12	／12	

ステップ 21 - 26

力だめし

第5回

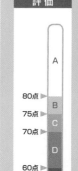

総得点 ／100

評価 A B C D E 80点 75点 70点 60点

月　日

1 次の――線の漢字の読みをひらがなで書きなさい。

1×10 ／10

1 薬で腸の動きを活発にする。（　）
2 君主に忠誠をちかう。（　）
3 人間は肺呼吸をする。（　）
4 転んだ際に手首を痛めた。（　）
5 神秘的な景色に言葉を失う。（　）
6 書道教室で作品展を開く。（　）
7 理科の実験は班ごとに行う。（　）
8 野菜を暗所で貯蔵する。（　）
9 熱いお茶で舌をやけどする。（　）
10 ゆで卵のからをむく。（　）

2 漢字の読みには音と訓があります。次の熟語の読みは□の中のどの組み合わせになっていますか。ア〜エの記号で答えなさい。

1×10 ／10

ア 音と音　イ 音と訓
ウ 訓と訓　エ 訓と音

1 片道（　）
2 軍手（　）
3 宝庫（　）
4 番付（　）
5 体操（　）
6 相棒（　）
7 政党（　）
8 針金（　）
9 組曲（　）
10 潮風（　）

3 次のカタカナを漢字になおし、一字だけ書きなさい。

2×5 /10

1 私利私ヨク（　）
2 明ロウ快活（　）
3 コク物倉庫（　）
4 書留ユウ便（　）
5 ユウ先順位（　）

4 次の漢字の太い画のところは筆順の何画目か、また総画数は何画か、算用数字（1、2、3…）で答えなさい。

2×5 /10

〈例〉定（5）〔8〕　何画目　総画数

1 俳（　）〔　〕
2 陛（　）〔　〕
3 片（　）〔　〕
4 訳（　）〔　〕
5 宝（　）〔　〕

5 次の漢字の部首と部首名を後の□の中から選び、記号で答えなさい。

2×5 /10

〈例〉返〔う〕（ク）　部首　部首名

1 肺〔　〕（　）
2 晩〔　〕（　）
3 幕〔　〕（　）
4 層〔　〕（　）
5 陛〔　〕（　）

あ 阝　い 艹　う 辶　え 土　お 尸
か 亠　き 月　く 巾　け 儿　こ 日

ア なべぶた・けいさんかんむり
イ ひとあし・にんにょう
ウ はば
エ こざとへん
オ くさかんむり
カ にくづき
キ つち
ク しんにょう・しんにゅう
ケ かばね・しかばね
コ ひへん

6 次の――線のカタカナの部分を漢字一字と送りがな（ひらがな）になおしなさい。

1×10 ／10

〈例〉クラブのきまりをサダメル。（定める）

1 体格の差を技術でオギナウ。（　　）
2 体育館にいすをナラベル。（　　）
3 頭を深くタレル。（　　）
4 手紙を出すのをワスレル。（　　）
5 弟は考え方がオサナイ。（　　）
6 相手とのきょりがチヂマル。（　　）
7 走ったので呼吸がミダレル。（　　）
8 毎日サッカーに明けクレル。（　　）
9 貴重な仏像をオガム。（　　）
10 布を青色にソメル。（　　）

7 後の［　］の中のひらがなを漢字になおして、対義語（意味が反対や対（つい）になることば）と、類義語（意味がよくにたことば）を書きなさい。［　］の中のひらがなは一度だけ使い、漢字一字を書きなさい。

1×10 ／10

対義語

1 友好―（　）対
2 開館―（　）館
3 正面―（　）面
4 入室―（　）室
5 通常―（　）時

類義語

6 他界―死（　）
7 処理―始（　）
8 発行―出（　）
9 貯金―（　）金
10 大木―大（　）

じゅ・たい・てき・はい・ぱん・へい・ぼう・まつ・よ・りん

8 漢字を二字組み合わせた熟語では、二つの漢字の間に意味の上で、次のような関係があります。

1×10 /10

ア　反対や対(つい)になる意味の字を組み合わせたもの。（例…強弱）
イ　同じような意味の字を組み合わせたもの。（例…進行）
ウ　上の字が下の字の意味を説明(修飾(しゅうしょく))しているもの。（例…国旗）
エ　下の字から上の字へ返って読むと意味がよくわかるもの。（例…消火）
オ　上の字が下の字の意味を打ち消しているもの。（例…非常）

次の熟語は、右のア～オのどれにあたるか、記号で答えなさい。

1　裏表（　）
2　洗車（　）
3　賛否（　）
4　翌週（　）
5　不孝（　）
6　尊敬（　）
7　難題（　）
8　温暖（　）
9　在宅（　）
10　未決（　）

9 次の――線のカタカナを漢字になおしなさい。

2×10 /20

1　バスの**ウンチン**を調べる。（　）
2　安易な発言で**ヒハン**を受けた。（　）
3　大**キボ**な計画が発表される。（　）
4　事前に**ザセキ**を指定する。（　）
5　**フンキ**して練習に取り組む。（　）
6　わらを編んで**タワラ**を作る。（　）
7　新人画家の絵に高い**ネ**がつく。（　）
8　**ナミキ**のカエデが紅葉する。（　）
9　**テイコク**通りに船が出発する。（　）
10　外出する**スンゼン**に電話が鳴る。（　）

5級

総まとめ

総得点

／200

評価

A
140点 ▶
B
120点 ▶
C
100点 ▶
D
80点 ▶
E

今までの学習の成果をためしてみましょう。

検定を受けるときに注意することを記しましたので、これを読んでから、実際の検定のつもりで問題を解いてください。

■**検定時間**　60分

【注意点】

1　問題用紙と答えを記入する用紙は別になっています。答えはすべて答案用紙に記入してください。

※本書では答案用紙は別冊の「漢字練習ノート」にあります。

2　常用漢字の旧字体や表外漢字、常用漢字音訓表以外の読み方は正答とは認められません。

3　検定会場では問題についての説明はありませんので、問題をよく読んで、答えを記入してください。

4　答えはHB・B・2Bのえんぴつまたはシャープペンシルで、わく内に大きくはっきり書いてください。くずした字や乱雑な書き方は採点の対象になりませんので、ていねいに書くように心がけてください。

5　検定を受ける前に「日本漢字能力検定採点基準」『漢検』受検の際の注意点」（本書巻頭カラーページにあります）を読んでおいてください。

5級 総まとめ

(一) 次の——線の**漢字の読み**を**ひらがな**で書きなさい。 (20) 1×20

1 穴場の温泉宿に宿泊(しゅくはく)する。
2 名前を縦書きで記入する。
3 内閣が総辞職する。
4 鉄筋コンクリートで家を建てる。
5 洋裁の技術を身につける。
6 クヌギの樹液に虫が集まる。
7 野球部の主将を務める。
8 生物の進化を系統図で表す。
9 皿にサラダを盛る。

(二) 次の漢字の**部首**と**部首名**を後の□の中から選び、**記号**で答えなさい。 (10) 1×10

〈例〉 返 〔う〕部首 〔ク〕部首名

	部首	部首名
聖	〔1〕	〔2〕
刻	〔3〕	〔4〕
蒸	〔5〕	〔6〕
染	〔7〕	〔8〕
域	〔9〕	〔10〕

あ 王　い 木　う 辶　え 氵
お 戈　か 艹　き 土　く 耳
け 刂　こ 灬

ア さんずい　イ ほこづくり
ウ つちへん　エ くさかんむり

(四) 次の——線の**カタカナ**の部分を**漢字一字と送りがな(ひらがな)**になおしなさい。 (10) 2×5

〈例〉 クラブのきまりをサダメル。 定める

1 入口でかさをトジル。
2 朝起きたら顔をアラウ。
3 早めに昼食をスマス。
4 ハゲシイ運動をしてつかれた。
5 庭の雑草を取りノゾク。

(五) 漢字の読みには**音**と**訓**があります。次の**熟語の読み**は□の中のどの組み合わせになっていますか。ア〜エの**記号**で答えなさい。 (20) 2×10

ア 音と音　イ 音と訓
ウ 訓と訓　エ 訓と音

10 警官がにげた犯人を追う。
11 故障の原因をつきとめる。
12 正確さを重視する。
13 忘れ物を取りに教室にもどった。
14 船に乗って湖を遊覧する。
15 最後まで勝負を捨てない。
16 主役がさっそうと姿を現す。
17 集めた切手はわたしの宝だ。
18 坂道を歩いて足が棒になった。
19 図書館で折り紙の本を探す。
20 日暮れて道遠し

オ みみ　カ りっとう
キ き　ク しんにょう しんにゅう
ケ れんが れっか　コ おう

(三) 次の漢字の**太い画**のところは**筆順**の**何画目**か、また**総画数**は**何画**か、**算用数字**（1、2、3…）で答えなさい。 (10) 1×10

〈例〉定　何画目（5）　総画数〔8〕

	何画目	総画数
善	（1）	〔2〕
皇	（3）	〔4〕
冊	（5）	〔6〕
垂	（7）	〔8〕
骨	（9）	〔10〕

1 窓口
2 絹地
3 砂山
4 役割
5 圧力
6 石段
7 設備
8 裏庭
9 札束
10 報告

(六) 次の**カタカナ**を**漢字**になおし、**一字**だけ書きなさい。 (20) 2×10

1 賛**ピ**両論
2 **イ**産相続
3 失業対**サク**
4 検**トウ**課題
5 学習意**ヨク**
6 地下資**ゲン**
7 自**コ**本位
8 質**ギ**応答
9 学級日**シ**
10 国民主**ケン**

(七) 後の□の中のひらがなを漢字になおして、**対義語**(意味が反対や対(つい)になることば)と、**類義語**(意味がよくにたことば)を書きなさい。□の中のひらがなは**一度だけ**使い、**漢字一字**を書きなさい。

(20) 2×10

対義語

快楽—苦(1)

地味—(2)手

成熟—(3)熟

両方—(4)方

寒流—(5)流

類義語

真心—(6)意

着任—(7)任

向上—発(8)

(九) 漢字を二字組み合わせた熟語では、二つの漢字の間に意味の上で、次のような関係があります。

(20) 2×10

ア 反対や対(つい)になる意味の字を組み合わせたもの。(例…**強弱**)

イ 同じような意味の字を組み合わせたもの。(例…**進行**)

ウ 上の字が下の字の意味を説明(修飾(しゅうしょく))しているもの。(例…**国旗**)

エ 下の字から上の字へ返って読むと意味がよくわかるもの。(例…**消火**)

次の**熟語**は、右のア〜エのどれにあたるか、**記号**で答えなさい。

1 朝晩

2 観劇

3 異国

4 負傷

5 干満

6 死亡

7 幼虫

8 拝礼

9 山頂

10 看病

(十) 次の――線の**カタカナ**を**漢字**になおしなさい。

(40) 2×20

1 **ユウビン**局で切手を買う。

2 首相(しゅしょう)が政府の**センヨウ**機に乗る。

3 書物の**カンマツ**の表で調べる。

4 兄が非を**ミト**めてあやまった。

5 家のかぎをなくして**コマ**った。

6 **ワカ**い時の苦労は役に立つ。

7 食材を**レイゾウ**庫に入れる。

8 試合に勝って**オウザ**につく。

9 強風で電車のダイヤが**ミダ**れる。

10 チョウが花のみつを**ス**う。

作者ー（9）者

同意ー（10）知

かた・しゅう・しょう・せい・だん・ちょ・つう・てん・は・み

(八) 後の□の中から漢字を選んで、次の意味にあてはまる**熟語**を作りなさい。答えは**記号**で書きなさい。 (10) 2×5

〈例〉本をよむこと。（読書） シ サ

1 広げて大きくすること。

2 非常に大切な様子。

3 生まれ育った土地。

4 人に知らせないでかくしておくこと。

5 団体に仲間入りすること。

ア加　イ郷　ウ里　エ重
オ張　カ秘　キ拡　ク貴
ケ密　コ盟　サ書　シ読

(十) 次の――線の**カタカナ**を**漢字**になおしなさい。 (20) 2×10

1 心ゾウの手術が成功する。

2 文章の構ゾウを読み解く。

3 ヘリコプターがコウ下を始める。

4 コウ鉄のような意志を持つ。

5 店の改ソウ工事を行う。

6 校内放ソウを静かに聞く。

7 収ノウスペースを設ける。

8 首ノウ会談が実現する。

9 チョウ舎を建てかえる。

10 胃チョウの動きがよくなる。

11 カイコの成長を観察する。

12 ソナえ物の果物を準備する。

13 シャクハチの奏法を学ぶ。

14 旅先の国の習慣にシタガう。

15 風船がだんだんチヂんできた。

16 あと少しでたなに手がトドく。

17 ごちそうにシタつづみを打つ。

18 物語の時代ハイケイを調べる。

19 磁石のハリが北を指す。

20 弘法（こうぼう）にも筆のアヤマり

学年別漢字配当表

「小学校学習指導要領」（令和2年4月実施）による。

	第一学年 10級	第二学年 9級	第三学年 8級	第四学年 7級	第五学年 6級	第六学年 5級
ア			悪安暗	愛案	圧	
イ	一	引	医委意育員院飲	以衣位茨印	囲移因	胃異遺域
ウ	右雨	羽雲	運			宇
エ	円	園遠	泳駅	英栄媛塩	永営衛易益液演	映延沿
オ	王音		央横屋温	岡億	応往桜	恩
カ	下火花貝学	何科夏家歌画回会海絵外角楽活間丸岩顔	化荷界開階寒感漢館岸	加果貨課芽賀改械害街各覚潟完官管関観願	可仮価河過快解格確額刊幹慣眼	我灰拡革閣割株干巻看簡
キ	気九休玉金	汽記帰弓牛魚京強教近	起期客究急級宮球去橋業曲局銀	岐希季旗器機議求泣給挙漁共協鏡競極	紀基寄規喜技義逆久旧救居許境均禁	危机揮貴疑吸供胸郷勤筋
ク	空		区苦具君	熊訓軍郡群	句	
ケ	月犬見	兄形計元言原	係軽血決研県	径景芸欠結建健験	型経潔件険検限現減	系敬警劇激穴券絹権憲源厳
コ	五口校	戸古午後語工公広交光考行高黄合谷国黒今	庫湖向幸港号根	固功好香候康	故個護効厚耕航鉱構興講告混	己呼誤后孝皇紅降鋼刻穀骨困
サ	左三山	才細作算	祭皿	佐差菜最埼材崎昨札刷察参産散残	査再災妻採際在財罪殺雑酸賛	砂座済裁策冊蚕

	ノ	ネ	ニ	ナ	ト	テ	ツ	チ	タ	ソ	セ	ス	シ
		年	二日入		土	天田		竹中虫町	大男	早草足村	正生青夕石赤千川先	水	子四糸字耳七車手十出女小上森人
			肉	内南	刀冬当東答頭同道読	弟店点電	通	地池知茶昼長鳥朝直	多太体台	組走	西声星晴切雪船線前	図数	止市矢姉思紙寺自時室社弱首秋週春書少場色食心新親
	農				都度投豆島湯登等動童	定庭笛鉄転	追	着注柱丁帳調	他打対待代第題炭短談	相送想息速族	世整昔全		仕死使始指歯詩次事持式実写者主守取酒受州拾終習集住重宿所暑助昭消商章勝乗植申身神真深進
		熱念		奈梨	徒努灯働特徳栃	低底的典伝		置仲沖兆	帯隊達単	争倉巣束側続卒孫	井成省清静席積折節説浅戦選然		氏司試児治滋辞鹿失借種周祝順初松笑唱焼照城縄臣信
	能	燃	任		統堂銅導得毒独	停提程適		築貯張	貸態団断	祖素総造像増則測属率損	制性政勢精製税責績接設絶		士支史志枝師資飼示似識質舎謝授修述術準序招証象賞条状常情織職
	納脳		乳認	難	討党糖届	敵展	痛	値宙忠著庁頂腸潮賃	退宅担探誕段暖	奏窓創装層操蔵臓存尊	盛聖誠舌宣専泉洗染銭善	垂推寸	至私姿視詞誌磁射捨尺若樹収宗就衆従縦縮熟純処署諸除承将傷障蒸針仁

学年	級	ハ	ヒ	フ	ヘ	ホ	マ	ミ	ム	メ	モ	ヤ	ユ	ヨ	ラ	リ	ル	レ	ロ	ワ	学年字数	累計（るいけい）字数
第一学年	10級	白八	百	文		木本				名	目					立力林			六		80字	80字
第二学年	9級	馬売買麦半番		父風分聞	米	歩母方北	毎妹万			明鳴	毛門	夜野	友	用曜	来	里理				話	160字	240字
第三学年	8級	波配倍箱畑発 反坂板	皮悲美鼻筆氷 表秒病品	負部服福物	平返勉	放		味		命面	問	役薬	由油有遊	予羊洋葉陽様	落	流旅両緑		礼列練	路	和	200字	440字
第四学年	7級	敗梅博阪飯	飛必票標	不夫付府阜富 副	兵別辺変便	包法望牧	末満	未民	無			約	勇	要養浴		利陸良料量輪	類	令冷例連	老労録		202字	642字
第五学年	6級	破犯判版	比肥非費備評 貧	布婦武復複仏 粉	編弁	保墓報豊防貿 暴		脈	務夢	迷綿			輸	余容		略留領		歴			193字	835字
第六学年	5級	派拝背肺俳班 晩	否批秘俵	腹奮	並陛閉片	補暮宝訪亡忘 棒	枚幕	密		盟	模	訳	郵優	預幼欲翌	乱卵覧	裏律臨			朗論		191字	1026字

級別漢字表

小学校学年別配当漢字を除く一一一〇字。

	ア	イ	ウ	エ	オ	カ	キ	ク	ケ	コ	サ	シ
4級	握扱	依威為偉違維緯壱芋陰隠		影鋭越援煙鉛縁	汚押奥憶	菓暇箇雅介戒皆壊較獲刈甘汗乾勧歓監環鑑含	奇祈鬼幾輝儀戯詰却脚及丘朽巨拠距御凶叫狂況狭恐響驚仰	駆屈掘繰	恵傾継迎撃肩兼剣軒圏堅遣玄	枯誇鼓互抗攻更恒荒項稿豪込婚	鎖彩歳載剤咲惨	旨伺刺脂紫雌執芝斜煮釈寂朱狩 シ続く
3級	哀	慰		詠悦閲炎宴	欧殴乙卸穏	佳架華嫁餓怪悔塊慨該概郭隔穫岳掛滑肝冠勘貫喚換敢緩	企忌軌既棋棄騎欺犠菊吉喫虐虚峡脅凝斤緊	愚偶遇	刑契啓掲携憩鶏鯨倹賢幻	孤弧雇顧娯悟孔巧甲坑拘郊控慌硬絞綱酵克獄恨紺魂墾	債催削搾錯撮擦暫	祉施諮侍慈軸疾湿赦邪殊寿潤遵 シ続く
準2級	亜	尉逸姻韻	畝浦	疫謁猿	凹翁虞	渦禍靴寡稼蚊拐懐劾涯垣核殻嚇括喝渇褐轄且缶陥患堪棺款閑寛憾還艦頑	飢宜偽擬糾窮拒享挟恭矯暁菌琴謹襟吟	隅勲薫	茎渓蛍慶傑嫌献謙繭顕懸弦	呉碁江肯侯洪貢溝衡購拷剛酷昆懇	唆詐砕宰栽斎索酢桟傘	肢嗣賜璽漆遮蛇酌爵珠儒囚臭愁 シ続く
2級	挨曖宛嵐	畏萎椅彙咽淫	唄鬱	怨艶	旺臆俺	苛牙瓦楷潰諧崖蓋骸柿顎葛釜鎌韓玩	伎亀毀畿臼嗅巾僅錦	惧串窟	詣憬稽隙桁拳鍵舷	股虎錮勾梗喉乞傲駒頃痕	沙挫采塞柵刹拶斬	恣摯餌叱嫉腫呪袖羞蹴憧拭尻芯 シ続く

級	シ続き	ス	セ	ソ	タ	チ	ツ	テ	ト	ナ	ニ	ネ	ノ	ハ
4級	趣需舟秀襲柔獣瞬旬巡盾召床沼称紹詳丈畳殖飾触侵振浸寝慎震薪尽陣尋	吹	是姓征跡占扇鮮	訴僧燥騒贈即俗	耐替沢拓濁脱丹淡嘆端弾	恥致遅蓄跳徴澄沈珍		抵堤摘滴添殿	吐途渡奴怒到逃倒唐桃透盗塔稲踏闘胴峠突鈍曇		弐		悩濃	杯輩拍泊迫薄爆髪抜罰般販搬範繁盤
3級	如徐匠昇掌晶焦衝鐘冗嬢錠譲嘱辱伸辛審	炊粋衰酔遂穂随髄	瀬牲婿請斥隻惜籍摂潜繕	阻措粗礎双桑掃葬遭憎促賊	怠胎袋逮滞滝択卓託諾奪胆鍛壇	稚畜窒抽鋳駐彫超聴陳鎮	墜	帝訂締哲	斗塗凍陶痘匿篤豚		尿	粘		婆排陪縛伐帆伴畔藩蛮
準2級	酬醜汁充渋銃叔淑粛塾俊准殉循庶緒叙升抄肖尚宵症祥渉訟硝粧詔奨彰償礁浄剰壌醸津唇娠紳診刃迅甚	帥睡枢崇据杉	斉逝誓析拙窃仙栓旋践遷薦繊禅漸	租疎塑壮荘捜挿曹喪槽霜藻	妥堕惰駄泰濯但棚	痴逐秩嫡衷弔挑眺釣懲勅朕	塚漬坪	呈廷邸亭貞逓偵艇泥迭徹撤	悼搭棟筒謄騰洞督凸屯	軟	尼妊忍	寧		把覇廃培媒賠伯舶漠肌鉢閥煩頒
2級	腎	須裾	凄醒脊戚煎羨腺詮箋膳	狙遡曽爽痩踪捉遜	汰唾堆戴誰旦綻	緻酎貼嘲捗	椎爪鶴	諦溺塡	妬賭藤瞳頓貪丼	那謎鍋	匂虹	捻		罵剝箸氾汎斑

	ヒ	フ	ヘ	ホ	マ	ミ	ム	メ	モ	ヤ	ユ	ヨ	ラ	リ	ル	レ	ロ	ワ
計313字 5級まで1026字 累計1339字	彼疲被避尾微匹描浜敏	怖浮普腐敷膚賦舞幅払噴	柄壁	捕舗抱峰砲忙坊肪冒傍帽凡盆	慢漫	妙眠	矛霧娘		茂猛網黙紋	躍	雄	与誉溶腰踊謡翼	雷頼絡欄	離粒慮療隣	涙	隷齢麗暦劣烈恋	露郎	惑腕
計284字 4級まで1339字 累計1623字	卑碑泌姫漂苗	赴符封伏覆紛墳	癖	募慕簿芳邦奉胞倣崩飽縫乏妨房某膨謀墨没翻	魔埋膜又	魅		滅免			幽誘憂	揚揺擁抑	裸濫	吏隆了猟陵糧厘		励零霊裂廉錬	炉浪廊楼漏	湾
計328字 3級まで1623字 累計1951字	妃披扉罷猫賓頻瓶	扶附譜侮沸雰憤	丙併塀幣弊偏遍	泡俸褒剖紡朴僕撲堀奔	麻摩磨抹	岬		銘	妄盲耗	厄	愉諭癒唯悠猶裕融	庸窯	羅酪	痢履柳竜硫虜涼僚寮倫	累塁	戻鈴		賄枠
計185字 準2級まで1951字 累計2136字	眉膝肘	訃	蔽餅璧蔑	哺蜂貌頬睦勃	昧枕	蜜		冥麺		冶弥闇	喩湧	妖瘍沃	拉辣藍	璃慄侶瞭	瑠		呂賂弄籠麓	脇

部首一覧表

表の上には部首を画数順に配列し、下には漢字の中で占める位置によって形が変化するものや特別な名称を持つものを示す。

偏（へん）…
旁（つくり）…
冠（かんむり）…
脚（あし）…
垂（たれ）…
繞（にょう）…
構（かまえ）…

番号	部首	形	名称
一画			
1	【一】	一	いち
2	【丨】	丨	ぼう たてぼう
3	【丶】	丶	てん
4	【丿】	丿	の はらいぼう
5	【乙】	乙	おつ
		乚	おつ
6	【亅】	亅	はねぼう
二画			
7	【二】	二	に
8	【亠】	亠	なべぶた けいさんかんむり
9	【人】	人	ひと
		亻	にんべん
9	【人】	𠆢	ひとやね
10	【入】	入	いる
11	【儿】	儿	ひとあし にんにょう
12	【八】	八	はち
		ハ	は
13	【冂】	冂	どうがまえ けいがまえ まきがまえ
14	【冖】	冖	わかんむり
15	【冫】	冫	にすい
16	【几】	几	つくえ
17	【凵】	凵	うけばこ
18	【刀】	刀	かたな
		刂	りっとう
19	【力】	力	ちから
20	【勹】	勹	つつみがまえ
21	【匕】	匕	ひ
22	【匚】	匚	はこがまえ
23	【匸】	匸	かくしがまえ
24	【十】	十	じゅう
25	【卜】	卜	と うらない
26	【卩】	卩	わりふ ふしづくり
		㔾	わりふ ふしづくり
27	【厂】	厂	がんだれ
28	【厶】	厶	む
29	【又】	又	また
三画			
30	【口】	口	くち
		口	くちへん
31	【囗】	囗	くにがまえ
32	【土】	土	つち
		土	つちへん
33	【士】	士	さむらい
34	【夂】	夂	すいにょう ふゆがしら
35	【夕】	夕	た ゆうべ
36	【大】	大	だい
37	【女】	女	おんな
		女	おんなへん
38	【子】	子	こ
		子	こへん
39	【宀】	宀	うかんむり
40	【寸】	寸	すん
41	【小】	小	しょう
		⺌	しょう

番号	部首	形	名称
42	【尢】	尢	だいのまげあし
43	【尸】	尸	かばね しかばね
44	【屮】	屮	てつ
45	【山】	山	やま
		山	やまへん
46	【川】	川	かわ
		巛	かわ
47	【工】	工	え たくみ
		工	たくみへん
48	【己】	己	おのれ
49	【巾】	巾	はば
		巾	はばへん きんべん
50	【干】	干	かん いちじゅう
51	【幺】	幺	よう いとがしら
52	【广】	广	まだれ
53	【廴】	廴	えんにょう
54	【廾】	廾	こまぬき にじゅうあし
55	【弋】	弋	しきがまえ
56	【弓】	弓	ゆみ
		弓	ゆみへん
57	【彐】	彑	けいがしら
58	【彡】	彡	さんづくり
59	【彳】	彳	ぎょうにんべん
60	【⺍】	⺍	つかんむり

忄↓心　氵↓水　艹↓艸　阝(右)↓邑
扌↓手　犭↓犬　辶↓辵　阝(左)↓阜

四画

番号	部首	形	名称
61	【心】	心	こころ
		忄	りっしんべん
		⺗	したごころ
62	【戈】	戈	ほこづくり ほこがまえ
63	【戶】	戶	と
		戸	とだれ とかんむり
64	【手】	手	て
		扌	てへん
65	【支】	支	し
66	【攴】	攵	のぶん ぼくづくり
67	【文】	文	ぶん
68	【斗】	斗	とます
69	【斤】	斤	きん
		斤	おのづくり
70	【方】	方	ほう
		方	ほうへん かたへん
71	【日】	日	ひ
		日	ひへん
72	【曰】	曰	ひらび いわく
73	【月】	月	つき
		月	つきへん
74	【木】	木	き
		木	きへん
75	【欠】	欠	あくび かける
76	【止】	止	とめる
77	【歹】	歹	かばねへん いちたへん がつへん
78	【殳】	殳	るまた ほこづくり
79	【毋】	毋	なかれ
80	【比】	比	ならびひ くらべる
81	【毛】	毛	け
82	【氏】	氏	うじ
83	【气】	气	きがまえ
84	【水】	水	みず

番号	部首	字形	名称
84	【水】	氵	さんずい
		氺	したみず
85	【火】	火	ひ
		火	ひへん
		灬	れんが れっか
86	【爪】	爪	つめ
		爫	つめかんむり つめがしら
87	【父】	父	ちち
88	【片】	片	かた
		片	かたへん
89	【牙】	牙	きば
90	【牛】	牛	うし
		牜	うしへん
91	【犬】	犬	いぬ
		犭	けものへん

王・𤣩↓玉　耂↓老　礻↓示　辶↓辵

五画

番号	部首	字形	名称
92	【玄】	玄	げん
93	【玉】	玉	たま
		王	おう
		𤣩	おうへん たまへん
94	【瓦】	瓦	かわら
95	【甘】	甘	かん あまい
96	【生】	生	うまれる
97	【用】	用	もちいる
98	【田】	田	た
		田	たへん
99	【疋】	疋	ひき
		𤴔	ひきへん
100	【疒】	疒	やまいだれ

番号	部首	字形	名称
101	【癶】	癶	はつがしら
102	【白】	白	しろ
103	【皮】	皮	けがわ
104	【皿】	皿	さら
105	【目】	目	め
		目	めへん
106	【矛】	矛	ほこ
107	【矢】	矢	や
		矢	やへん
108	【旡】	旡	なし ぶ すでのつくり
109	【石】	石	いし
		石	いしへん
110	【示】	示	しめす
		礻	しめすへん
111	【禾】	禾	のぎ

番号	部首	字形	名称
111	【禾】	禾	のぎへん
112	【穴】	穴	あな
		穴	あなかんむり
113	【立】	立	たつ
		立	たつへん

氺↓水　衤↓衣　罒↓网

六画

番号	部首	字形	名称
114	【竹】	竹	たけ
		⺮	たけかんむり
115	【米】	米	こめ
		米	こめへん
116	【糸】	糸	いと
		糸	いとへん
117	【缶】	缶	ほとぎ
118	【网】	罒	あみがしら あみめ よこめ

119	【羊】	羊	ひつじ
120	【羽】	羽	はね
121	【老】	耂	おいかんむり おいがしら
122	【而】	而	しかして しこうして
123	【耒】	耒	すきへん らいすき
124	【耳】	耳	みみ
		耳	みみへん
125	【聿】	聿	ふでづくり
126	【肉】	肉	にく
		月	にくづき
127	【自】	自	みずから
128	【至】	至	いたる
129	【臼】	臼	うす
130	【舌】	舌	した
131	【舟】	舟	ふね

七画

131	【舟】	舟	ふねへん
132	【艮】	艮	ねづくり こんづくり
133	【色】	色	いろ
134	【艸】	艹	くさかんむり
135	【虍】	虍	とらがしら とらかんむり
136	【虫】	虫	むし
		虫	むしへん
137	【血】	血	ち
138	【行】	行	ぎょう
		行	ぎょうがまえ ゆきがまえ
139	【衣】	衣	ころも
		衤	ころもへん
140	【襾】	西	にし
		覀	おおいかんむり

141	【見】	見	みる
142	【臣】	臣	しん
143	【角】	角	かく つの
		角	つのへん
144	【言】	言	げん
		言	ごんべん
145	【谷】	谷	たに
146	【豆】	豆	まめ
147	【豕】	豕	ぶた いのこ
148	【豸】	豸	むじなへん
149	【貝】	貝	かい こがい
		貝	かいへん
150	【赤】	赤	あか
151	【走】	走	はしる
		走	そうにょう

152	【足】	足	あし
		𧾷	あしへん
153	【身】	身	み
154	【車】	車	くるま
		車	くるまへん
155	【辛】	辛	からい
156	【辰】	辰	しんのたつ
157	【辵】	辶	しんにょう しんにゅう
		⻎	しんにょう しんにゅう
158	【邑】	阝	おおざと
159	【酉】	酉	ひよみのとり
		酉	とりへん
160	【釆】	釆	のごめ
		釆	のごめへん
161	【里】	里	さと

※注「⻎」については「遡・遜」のみに適用。

番号	部首	字形	名称
161	【里】	里	さとへん
162	【舛】	舛	まいあし
163	【麦】	麦	むぎ
		麦	ばくにょう
八画			
164	【金】	金	かね
		金	かねへん
165	【長】	長	ながい
166	【門】	門	もん
		門	もんがまえ
167	【阜】	阜	おか
		阝	こざとへん
168	【隶】	隶	れいづくり
169	【隹】	隹	ふるとり
170	【雨】	雨	あめ
170	【雨】	雨	あめかんむり
171	【青】	青	あお
172	【非】	非	あらず ひ
173	【斉】	斉	せい
九画			
174	【面】	面	めん
175	【革】	革	かくのかわ つくりがわ
		革	かわへん
176	【音】	音	おと
177	【頁】	頁	おおがい
178	【風】	風	かぜ
179	【飛】	飛	とぶ
180	【食】	食	しょく
		𩙿	しょくへん
		飠	しょくへん
181	【首】	首	くび
182	【香】	香	か かおり
十画			
183	【馬】	馬	うま
		馬	うまへん
184	【骨】	骨	ほね
		骨	ほねへん
185	【高】	高	たかい
186	【髟】	髟	かみがしら
187	【鬯】	鬯	ちょう
188	【鬼】	鬼	おに
		鬼	きにょう
189	【韋】	韋	なめしがわ
190	【竜】	竜	りゅう
十一画			
191	【魚】	魚	うお
		魚	うおへん
192	【鳥】	鳥	とり
193	【鹿】	鹿	しか
194	【麻】	麻	あさ
195	【黄】	黄	き
196	【黒】	黒	くろ
197	【亀】	亀	かめ
十二画			
198	【歯】	歯	は
		歯	はへん
十三画			
199	【鼓】	鼓	つづみ
十四画			
200	【鼻】	鼻	はな

※注「飠」については「餌・餅」のみに適用。

常用漢字表　付表（熟字訓・当て字など）

＊小・中・高：小学校・中学校・高等学校のどの時点で学習するかの割り振りを示した。

※以下に挙げられている語を構成要素の一部とする熟語に用いてもかまわない。

例「河岸（かし）」→「魚河岸（うおがし）」／「居士（こじ）」→「一言居士（いちげんこじ）」

付表1

語	読み	小	中	高
明日	あす	●		
小豆	あずき		●	
海女・海士	あま			●
硫黄	いおう		●	
意気地	いくじ		●	
田舎	いなか		●	
息吹	いぶき			●
海原	うなばら		●	
乳母	うば		●	
浮気	うわき			●
浮つく	うわつく		●	
笑顔	えがお		●	
叔父・伯父	おじ		●	
大人	おとな	●		
乙女	おとめ		●	
叔母・伯母	おば		●	
お巡りさん	おまわりさん		●	
お神酒	おみき			●
母屋・母家	おもや			●
母さん	かあさん	●		
神楽	かぐら			●
河岸	かし			●
鍛冶	かじ		●	
風邪	かぜ		●	
固唾	かたず		●	
仮名	かな		●	
蚊帳	かや			●
為替	かわせ		●	
河原・川原	かわら	●		
昨日	きのう	●		
今日	きょう	●		
果物	くだもの	●		
玄人	くろうと			●
今朝	けさ	●		
景色	けしき	●		
心地	ここち		●	

語	読み	小	中	高
居士	こじ			●
今年	ことし	●		
早乙女	さおとめ		●	
雑魚	ざこ			●
桟敷	さじき			●
差し支える	さしつかえる		●	
五月	さつき		●	
早苗	さなえ		●	
五月雨	さみだれ		●	
時雨	しぐれ		●	
尻尾	しっぽ		●	
竹刀	しない		●	
老舗	しにせ		●	
芝生	しばふ		●	
清水	しみず	●		
三味線	しゃみせん		●	
砂利	じゃり		●	

語	読み	小	中	高
数珠	じゅず			●
上手	じょうず	●		
白髪	しらが		●	
素人	しろうと			●
師走	しわす（しはす）			●
数寄屋・数奇屋	すきや			●
相撲	すもう		●	
草履	ぞうり		●	
山車	だし			●
太刀	たち		●	
立ち退く	たちのく		●	
七夕	たなばた	●		
足袋	たび		●	
稚児	ちご			●
一日	ついたち	●		
築山	つきやま			●
梅雨	つゆ		●	

語	読み	小	中	高
凸凹	でこぼこ		●	
手伝う	てつだう	●		
伝馬船	てんません			●
投網	とあみ			●
父さん	とうさん	●		
十重二十重	とえはたえ			●
読経	どきょう			●
時計	とけい	●		
友達	ともだち	●		
仲人	なこうど			●
名残	なごり		●	
雪崩	なだれ		●	
兄さん	にいさん	●		
姉さん	ねえさん	●		
野良	のら			●
祝詞	のりと			●
博士	はかせ	●		

語	読み	小	中	高
二十・二十歳	はたち		●	
二十日	はつか	●		
波止場	はとば		●	
一人	ひとり	●		
日和	ひより		●	
二人	ふたり	●		
二日	ふつか	●		
吹雪	ふぶき		●	
下手	へた	●		
部屋	へや	●		
迷子	まいご	●		
真面目	まじめ	●		
真っ赤	まっか	●		
真っ青	まっさお	●		
土産	みやげ		●	
息子	むすこ		●	
眼鏡	めがね	●		
猛者	もさ			●
紅葉	もみじ		●	
木綿	もめん		●	
最寄り	もより		●	
八百長	やおちょう			●
八百屋	やおや	●		
大和	やまと		●	
弥生	やよい		●	
浴衣	ゆかた			●
行方	ゆくえ		●	
寄席	よせ			●
若人	わこうど		●	

付表2

語	読み	小	中	高
愛媛	えひめ	●		
茨城	いばらき	●		
岐阜	ぎふ	●		
鹿児島	かごしま	●		
滋賀	しが	●		
宮城	みやぎ	●		
神奈川	かながわ	●		
鳥取	とっとり	●		
大阪	おおさか	●		
富山	とやま	●		
大分	おおいた	●		
奈良	なら	●		

二とおりの読み

「常用漢字表」（平成22年）本表備考欄（らん）による。
片仮名は音読み、平仮名は訓読みを示す。

漢字	読み	備考
遺	ユイ	「遺言（ゆいごん）」は、「イゴン」とも。
奥	オウ	「奥義（おうぎ）」は、「おくギ」とも。
堪	カン	「堪能（かんのう）」は、「タンノウ」とも。
吉	キチ	「吉日（きちじつ）」は、「キツジツ」とも。
兄	キョウ	「兄弟（きょうだい）」は、「ケイテイ」と読むこともある。
甲	カン	「甲板（かんぱん）」は、「コウハン」とも。
合	ガッ	「合点（がってん）」は、「ガテン」とも。
昆	コン	「昆布（こんぶ）」は、「コブ」とも。
紺	コン	「紺屋（こんや）」は、「コウや」とも。
詩	シ	「詩歌（しか）」は、「シイカ」とも。
七	なの	「七日（なのか）」は、「なぬか」とも。
若	ニャク	「老若（ろうにゃく）」は、「ロウジャク」とも。

漢字	読み	備考
寂	セキ	「寂然（せきぜん）」は、「ジャクネン」とも。
主	ス	「法主（ほっす）」は、「ホウシュ」、「ホッシュ」とも。
十	ジッ	「ジュッ」とも。
緒	チョ	「情緒（じょうちょ）」は、「ジョウショ」とも。
憧	ショウ	「憧憬（しょうけい）」は、「ドウケイ」とも。
数	ス	「人数（にんず）」は、「ニンズウ」とも。
贈	ソウ	「寄贈（きそう）」は、「キゾウ」とも。
側	がわ	「かわ」とも。
唾	つば	「唾（つば）」は、「つばき」とも。
着	ジャク	「愛着（あいじゃく）」、「執着（しゅうじゃく）」は、「アイチャク」、「シュウチャク」とも。
貼	チョウ	「貼付（ちょうふ）」は、「テンプ」とも。

二とおりの読み

漢字	読み	備考
難	むずかしい	「むつかしい」とも。
泌	ヒツ	「分泌（ぶんぴつ）」は、「ブンピ」とも。
富	フウ	「富貴（ふうき）」は、「フッキ」とも。
文	モン	「文字（もんじ）」は、「モジ」とも。
法	ホッ	「法主（ほっす・ほっしゅ）」は、「ホウシュ」とも。
望	モウ	「大望（たいもう）」は、「タイボウ」とも。
頬	ほお	「頬（ほお）」は、「ほほ」とも。
末	バツ	「末子（ばっし）」、「末弟（ばってい）」は、「マッシ」、「マッテイ」とも。
免	まぬかれる	「まぬがれる」とも。
妄	ボウ	「妄言（ぼうげん）」は、「モウゲン」とも。
目	ボク	「面目（めんぼく）」は、「メンモク」とも。
問	とん	「問屋（とんや）」は、「といや」とも。
礼	ライ	「礼拝（らいはい）」は、「レイハイ」とも。

注意すべき読み

片仮名は音読み、平仮名は訓読みを示す。

「常用漢字表」（平成22年）本表備考欄による。

漢字	読み	備考
位	イ	「三位一体」、「従三位」は、「サンミイッタイ」、「ジュサンミ」。
羽	は	「羽（は）」は、前に来る音によって「わ」、「ぱ」、「ぱ」になる。 用語例＝一羽（わ）、三羽（ば）、六羽（ぱ）
雨	あめ	「春雨」、「小雨」、「霧雨」などは、「はるさめ」、「こさめ」、「きりさめ」。
縁	エン	「因縁」は、「インネン」。
王	オウ	「親王」、「勤王」などは、「シンノウ」、「キンノウ」。
応	オウ	「反応」、「順応」などは、「ハンノウ」、「ジュンノウ」。
音	オン	「観音」は、「カンノン」。
穏	オン	「安穏」は、「アンノン」。
皇	オウ	「天皇」は、「テンノウ」。
上	ショウ	「身上」は、「シンショウ」と「シンジョウ」とで、意味が違（ちが）う。
把	ハ	「把（ハ）」は、前に来る音によって「ワ」、「バ」、「パ」になる。 用語例＝一把（ワ）、三把（バ）、十把（パ）

漢検　5級　漢字学習ステップ　改訂四版

2024年8月20日　第1版第6刷　発行
編　者　公益財団法人 日本漢字能力検定協会
発行者　山崎　信夫
印刷所　三松堂株式会社
製本所　株式会社 渋谷文泉閣

発行所　公益財団法人 日本漢字能力検定協会
〒605-0074　京都市東山区祇園町南側551番地
☎(075)757-8600
ホームページ https://www.kanken.or.jp/

Printed in Japan
ISBN978-4-89096-405-5 C0081

公益財団法人 日本漢字能力検定協会

改訂四版

漢検

漢検 漢字学習 ステップ

標準解答

別冊

5級

「標準解答」は、
別冊になっています。
とりはずして使って
ください。

※「標準解答」をとじているはり金でけがをしないよう、気をつけてください。

漢検 公益財団法人 日本漢字能力検定協会

700405 (1-6)

ステップ 1

P.12
1
1 そ 2 いえき 3 えいぞう
4 りょういき 5 う 6 いひん
7 えんどう 8 えんき 9 うつ
10 りゅういき 11 の 12 いじょう

P.13
2
1 余す 2 支える 3 余っ 4 映し
5 迷う 6 務める 7 異なる 8 防ぐ
9 延びる 10 暴れる

3
1 イ 2 ウ 3 ア 4 イ 5 エ
6 ア 7 イ 8 エ 9 ア 10 ウ

P.14
4
1 地域 2 反映 3 宇 4 異国
5 延 6 遺産 7 沿岸 8 胃
9 延長 10 沿 11 異 12 映

ステップアップメモ

映(うつ)る 鏡・画面などにすがたや形が現れる。
写(うつ)る 写真にすがたなどが現れる。
移(うつ)る 場所・位置などが変わる。

ステップ 2

P.16
1
1 やくわり 2 はいざら 3 かぶ
4 ひかく 5 かくだい 6 てんしゅかく
7 われ 8 わ 9 おんし
10 ぶっかく 11 かくしん 12 おん

P.17
2
1 い・キ 2 か・オ 3 き・ケ
4 お・ア 5 く・ウ

3
1 挙 2 拡 3 遺 4 延 5 混
6 賛 7 域 8 革 9 異 10 沿

P.18
4
1 株主 2 恩 3 内閣 4 改革
5 灰色 6 割合 7 我 8 拡張
9 恩義 10 組閣 11 割 12 株

ステップアップメモ

玉石混交(ぎょくせきこんこう) すぐれたもの(玉=宝石(ほうせき))とおとったもの(石)が入りまじっているたとえ。

大同小異(だいどうしょうい) だいたいは同じで、細かい点に少しちがいがあること。

ステップ3

P.20 **1**
1 かんがい
2 かんたん
3 まきがみ
4 はっき
5 あぶ
6 つくえ
7 かんか
8 ま
9 ききゅう
10 かんまつ
11 かんそ
12 ほ

P.21 **2**
1 感
2 慣
3 刊
4 館
5 間
6 観
7 幹
8 看
9 干
10 官

3
1 域
2 像
3 割
4 因
5 革
6 揮
7 賛
8 居
9 異
10 質

P.22 **4**
1 簡潔
2 巻紙
3 危険
4 指揮
5 干
6 机
7 看護
8 圧巻
9 干
10 看板
11 巻
12 危

ステップアップメモ

看過（かんか）　目にしたことを見のがすこと。
危急（ききゅう）　危険なことがすぐ近くにせまっていること。

ステップ4

P.24 **1**
1 きゅうにゅう
2 むね
3 つと
4 とも
5 きちょう
6 しつぎ
7 ききょう
8 しゅっきん
9 どきょう
10 す
11 うたが
12 きょうど

P.25 **2**
1 4・6
2 6・7
3 7・10
4 2・6
5 7・11
6 6・9
7 5・12
8 2・8
9 7・12
10 3・9

3
1 現
2 損
3 写
4 久
5 止
6 囲
7 富
8 着
9 務
10 満

P.26 **4**
1 疑問
2 胸
3 供
4 勤勉
5 郷里
6 吸
7 胸囲
8 吸引
9 提供
10 勤
11 貴族
12 疑

ステップアップメモ

■筆順に注意しよう
吸 → ×5画目・6画目　○4画目
胸 → ×8画目・9画目　○7画目

ステップ5

P.28
1
1 げきせん　2 うやま　3 はげ
4 ひげき　5 けん　6 けいとう
7 けいび　8 すじ　9 げきじょう
10 あな　11 きんにくしつ　12 けいご

P.29
2
1 エ・ケ　2 オ・ク　3 サ・イ
4 キ・ア　5 シ・カ　6 コ・ウ

3
1 紀　2 貴　3 期　4 季　5 基
6 寄　7 規　8 揮　9 危　10 帰

P.30
4
1 穴場　2 券　3 系　4 警告
5 敬老　6 感激　7 敬　8 鉄筋
9 激　10 警察　11 筋道　12 劇

ステップアップメモ

穴場（あなば）　あまり人に知られていない、よい場所のこと。

力だめし 第1回

P.31
1
1 あおけいとう　2 かくちょう
3 きょうちゅう　4 かんべん
5 ほ　6 こきょう　7 あな
8 そな　9 つくえ　10 おん

2
1 イ　2 エ　3 ウ　4 ア　5 エ
6 イ　7 ウ　8 ア　9 イ　10 ア

P.32
3
1 株　2 異　3 遺　4 革　5 域

4
1 快い　2 疑い　3 導く
4 映る　5 営ん

5
1 指揮　2 我　3 激　4 筋　5 出勤
6 胃　7 沿　8 延命　9 貴重　10 危

ステップアップメモ

供（そな）える　（主に神仏や身分の高い人に）物をささげる。
備（そな）える　これから起こることに対応できるよう用意する。

ステップ6

P.36
1
1 けんしょう 2 じんけん 3 げんかく
4 てんこ 5 でんげん 6 きぬ
7 りこてき 8 みなもと 9 きび
10 よ 11 けんり 12 りっけん

P.37
2
1 郷 2 疑 3 激 4 域 5 簡
6 異 7 己 8 久 9 重 10 任

3
1 警報 2 資源 3 厳守 4 発揮
5 吸入 6 遺産 7 半疑 8 一転
9 道断 10 改革

P.38
4
1 資源 2 実権 3 厳禁 4 特権
5 呼吸 6 絹 7 厳 8 憲法
9 自己 10 絹糸 11 源 12 呼

ステップアップメモ

児童憲章（じどうけんしょう）　全ての児童の幸福をはかるため、一九五一年五月五日に作られたきまり。

立憲政治（りっけんせいじ）　憲法にもとづいて行われる政治。

ステップ7

P.40
1
1 こうちゃ 2 こうか 3 せいこう
4 あやま 5 お 6 こうよう
7 こうごう 8 べにばな 9 ほんぶ
10 ごかい 11 ほうおう 12 こうてつ

P.41
2
1 割れる 2 厳しく 3 敬う 4 降ろす
5 供える 6 疑う 7 険しい 8 危ない
9 激しく 10 勤める

3
1 ア 2 イ 3 ウ 4 エ 5 エ
6 ア 7 イ 8 ア 9 ウ 10 ウ

P.42
4
1 誤 2 降車 3 皇后 4 紅白
5 皇居 6 降 7 天皇 8 紅
9 鋼材 10 誤報 11 不孝 12 降

ステップアップメモ

勤める（つと）　職場に行って仕事をする。
努める（つと）　努力する。はげむ。力をつくして行う。
務める（つと）　役目や仕事を受け持つ。

ステップ8

1 P.44

1 こっせつ　2 きざ　3 さぼうりん
4 ざせき　5 けいざい　6 ざっこく
7 こんく　8 すなやま　9 ほね
10 しんこく　11 こま　12 す

2 P.45

1 干　2 失　3 去　4 紅　5 降
6 旧　7 集　8 益　9 減　10 当

3

1 増　2 異　3 源　4 簡　5 革
6 権　7 危　8 逆　9 疑　10 返

4 P.46

1 骨　2 救済　3 困　4 済
5 砂鉄　6 座　7 骨格　8 刻
9 砂　10 時刻　11 穀物　12 困

ステップアップメモ

■反対や対になる意味の字を組み合わせた熟語

それぞれの字の訓読みで確かめてみましょう。

得失　得る↔失う　　去来　去る↔来る
乗降　乗る↔降りる　　集散　集まる↔散る

ステップ9

1 P.48

1 しご　2 ゆうし　3 いた
4 べっさつ　5 さいばん　6 わたくし（わたし）
7 さば　8 かいこ　9 ひっし
10 すがた　11 せいさい　12 さんさく

2 P.49

1 ア　2 イ　3 ウ　4 ア　5 ア
6 エ　7 イ　8 ウ　9 イ　10 エ

3

1 ウ・ケ　2 オ・サ　3 シ・ク
4 カ・イ　5 コ・キ　6 エ・ア

4 P.50

1 姿勢　2 至　3 公私　4 冊
5 冬至　6 私　7 養蚕　8 姿
9 洋裁　10 対策　11 蚕　12 裁

ステップアップメモ

■「音と訓」「訓と音」の組み合わせに注意しよう

絵姿　エ(音)＋すがた(訓)　　湯気　ゆ(訓)＋ゲ(音)
茶畑　チャ(音)＋ばたけ(訓)　　仕事　シ(音)＋ごと(訓)
絹製　きぬ(訓)＋セイ(音)

ステップ10

P.52 **1**
1 す　2 い　3 じりょく
4 しゃくはち　5 はっしゃ　6 きねんし
7 しゅしゃ　8 しや　9 さくし
10 しめん　11 しさつ　12 でんじは

P.53 **2**
1 誌　2 捨　3 体　4 射　5 磁
6 私　7 策　8 勤　9 郷　10 視

3
1 い・コ　2 か・キ　3 く・ケ
4 こ・ウ　5 え・エ

P.54 **4**
1 尺　2 磁石　3 喜捨　4 注射
5 視界　6 歌詞　7 射　8 日誌
9 品詞　10 近視　11 雑誌　12 捨

ステップアップメモ

取捨（しゅしゃ）　必要なものやよいものを取り、不必要なものや悪いものを捨てること。

喜捨（きしゃ）　寺社や貧しい人、困っている人に、金品を進んで差し出すこと。

力だめし 第2回

P.55 **1**
1 せいざ　2 てっこう　3 げんりゅう
4 けんぽう　5 さいばんかん　6 しんこく
7 こま　8 はんしゃ　9 あやま
10 ふ

2
1 イ　2 ア　3 ウ　4 エ　5 エ
6 ウ　7 イ　8 ア　9 エ　10 イ

P.56 **3**
1 言・ごんべん　2 氵・さんずい
3 口・くにがまえ　4 ⺮・たけかんむり
5 糸・いとへん

4
1 9・15　2 3・6　3 4・7
4 5・16　5 5・8

5
1 骨折　2 政策　3 冊　4 済　5 捨
6 雑穀　7 厳守　8 元首　9 至近　10 資金

ステップアップメモ

雑穀（ざっこく）　米、麦以外の穀物（アワ、キビ、ヒエなど）のこと。

ステップ11

P.60
1
1 わかば　2 ふくじゅう　3 しゅうぎいん
4 しゅうきょう　5 しゅうにん
6 じゅうぎょういん　7 じゅりつ
8 しゅうしゅう　9 したが
10 わか　11 しゅうこう　12 おさ

P.61
2
1 資　2 至　3 努　4 勤　5 衆
6 収　7 厳　8 現　9 券　10 権
11 劇　12 激

3
1 着　2 捨　3 復　4 収　5 私
6 欠　7 答　8 害　9 断　10 因

P.62
4
1 従事　2 樹木　3 収　4 大衆
5 就職　6 宗　7 若者　8 樹
9 収入　10 若　11 従　12 観衆

ステップアップメモ
就航（しゅうこう）　船や飛行機が特定の航路の運航につくこと。
従事（じゅうじ）　仕事やあることがらにたずさわること。

ステップ12

P.64
1
1 じゅんしん　2 しょこく　3 はんじゅく
4 しょほう　5 じゅんぱく　6 ぶしょ
7 じゅうだん　8 しゅくしょう　9 たていと
10 しょぶん　11 じゅく　12 ちぢ

P.65
2
1 至る　2 刻ん　3 縮める　4 従う
5 捨てる　6 裁か　7 済ませる　8 困り
9 告げる　10 若い

3
1 8・10　2 9・13　3 8・9　4 8・12
5 6・10　6 10・15　7 8・12　8 4・5
9 6・8　10 13・16

P.66
4
1 縦横　2 署　3 単純　4 短縮
5 縦　6 署名　7 処置　8 諸島
9 未熟　10 縮　11 縦笛　12 縮尺

ステップアップメモ
■筆順に注意しよう
熟→×9画目　○10画目

ステップ 13

P.68 **1**
1 かいじょ 2 じょうき 3 のぞ
4 しんようじゅ 5 しょうち 6 しゅしょう
7 きず 8 じょそう 9 ししょう
10 ぶしょう 11 ふしょう 12 はり

P.69 **2**
1 衆 2 映 3 針 4 骨 5 欠
6 処 7 署 8 障 9 座 10 策

3
1 ア 2 イ 3 ア 4 ウ 5 エ
6 ウ 7 ウ 8 ア 9 エ 10 イ

P.70 **4**
1 磁針 2 蒸発 3 針 4 将来
5 伝承 6 軽傷 7 秒針 8 除夜
9 故障 10 除 11 傷 12 障子

ステップアップメモ

支障（ししょう） さしつかえ。さしさわり。
完全無欠（かんぜんむけつ） どこから見ても欠点や不足がまったくないこと。
伝承（でんしょう） 古くからあるならわしやしきたりを後世に伝えていくこと。

ステップ 14

P.72 **1**
1 せいじつ 2 も 3 した
4 せいぼ 5 すんだん 6 すいそく
7 いかすい 8 も 9 すいい
10 じんぎ 11 た 12 いっすん

P.73 **2**
1 縦 2 縮 3 将 4 単 5 垂
6 寸 7 処 8 視 9 刻 10 樹

3
1 シ・コ 2 ウ・ア 3 キ・オ
4 エ・ケ 5 ク・サ 6 カ・イ

P.74 **4**
1 聖火 2 垂直 3 推進 4 寸法
5 誠意 6 推理 7 垂 8 盛
9 仁愛 10 聖地 11 盛 12 舌

ステップアップメモ

舌つづみ（したつづみ） おいしいものを食べたときに舌を鳴らすこと。
寸断（すんだん） 細かくずたずたに切り刻むこと。
仁愛（じんあい） 思いやりやいつくしみの心を持って、人を愛すること。

ステップ15

P.76
1
1 せんねん　2 どくそう　3 あら
4 せんきょうし　5 かいぜん　6 げんせん
7 せんがん　8 そ　9 いずみ
10 せんもん　11 よ　12 いっせん

P.77
2
1 宣言　2 合奏　3 地異　4 注射　5 親善
6 推理　7 署名　8 単純　9 危険　10 反射

3
1 針　2 信　3 晴　4 聖　5 居
6 射　7 就　8 衆　9 住　10 済
11 策　12 作

P.78
4
1 演奏　2 専用　3 泉　4 染
5 宣伝　6 洗車　7 温泉　8 最善
9 奏　10 洗　11 銭湯　12 善

ステップアップメモ

功(こう)を奏(そう)する　よい結果が出ること。(「奏功する」ともいう)

力だめし 第3回

P.79
1
1 けいご　2 きょうり　3 いずみ
4 しょうじ　5 すじみち　6 そ
7 しげん　8 はり　9 せいじゅく
10 こくもつ

2
1 キ・オ　2 エ・ケ　3 ウ・ア
4 カ・イ　5 ク・コ

P.80
3
1 収　2 縦　3 延　4 就　5 己
6 将　7 宣　8 善　9 割　10 刻

4
1 若葉　2 株　3 合奏　4 洗面
5 盛　6 解除　7 供　8 友
9 週刊　10 習慣

ステップアップメモ

供(とも)　同行する。目上の人につき従う。
友(とも)　ともだち。親しくしている人。

ステップ16

1 P.84
1 れいぞう　2 ぞうき　3 そうせつ
4 ふくそう　5 そうじゅうし　6 しんそう
7 こうそうか　8 じぞう　9 かそう
10 つく　11 じょうそう　12 まど

2 P.85
1 ア　2 オ　3 ア　4 イ　5 ウ
6 オ　7 イ　8 ウ　9 エ　10 エ

3
1 ウ　2 ア　3 イ　4 エ　5 ウ
6 ア　7 イ　8 ア　9 エ　10 ウ

4 P.86
1 内臓　2 貯蔵　3 同窓　4 地層
5 体操　6 装置　7 創立　8 断層
9 窓辺　10 心臓　11 改装　12 操作

ステップアップメモ

深窓(しんそう)　大きな家のおくまった部屋(世間とへだてられて、大切に育てられることを表す語)。

土手(どて)　ド㊥＋て㊙
王様(おうさま)　オウ㊥＋さま㊙
布地(ぬのじ)　ぬの㊙＋ジ㊥
麦茶(むぎちゃ)　むぎ㊙＋チャ㊥

ステップ17

1 P.88
1 たんじょうび　2 いしだん　3 ぞんぶん
4 そんけい　5 そうたい　6 さが
7 たっと(とうと)　8 たんとう　9 そんぞく
10 たんけん　11 ふたん　12 きたく

2 P.89
1 異存　2 生存　3 一存　4 保存
5 存続　6 存分　7 存在　8 温存
9 所存　10 現存

3
1 4・9　2 9・15　3 13・15　4 7・11
5 1・12　6 4・9　7 13・13　8 1・11
9 8・12　10 7・11

4 P.90
1 階段　2 生誕　3 尊重　4 担任
5 保存　6 尊大　7 探　8 退院
9 段落　10 退　11 宅配　12 探査

ステップアップメモ

■筆順に注意しよう

装→×3画目　○1画目
盛→×2画目　○1画目

ステップ18

1 P.92
1 いただ 2 かんちょう 3 かち
4 ちょめい 5 かんだん 6 ちょう
7 うちゅう 8 ちょうしゃ 9 ちょうじょう
10 ちゅうこく 11 ねだん 12 あたた

2 P.93
1 月・臓 2 扌・担 3 日・映 4 子・孝
5 心・憲 6 艹・蔵 7 頁・領 8 言・誠
9 广・座 10 宀・宗

3
1 温暖 2 手段 3 尊重 4 著者
5 善意 6 帰宅 7 就任 8 短縮
9 収入 10 私立

4 P.94
1 暖流 2 頂点 3 胃腸 4 庁
5 著書 6 数値 7 忠実 8 宙
9 忠誠 10 頂 11 値引 12 著作

ステップ19

1 P.96
1 とうしゅ 2 とうぶん 3 しお
4 つうかい 5 てんぼうだい 6 かんちょう
7 とうるい 8 とうぎ 9 うんちん
10 てんかい 11 いた 12 てき

2 P.97
1 衆 2 装 3 退 4 党 5 専
6 値 7 層 8 宅 9 宙 10 宣

3
1 潮 2 塩 3 装 4 奏 5 敵
6 適 7 値 8 根 9 段 10 談
11 刻 12 国

4 P.98
1 敵 2 砂糖 3 残党 4 満潮
5 発展 6 検討 7 苦痛 8 展示
9 家賃 10 黒潮 11 党員 12 痛

ステップアップメモ

残党（ざんとう）　戦いに敗れた集団の生き残り。

黒潮（くろしお）　日本列島の太平洋側に沿って北上する海流。日本海流ともいう。

ステップ20

P.100
1
1 りゅうは　2 なんだい　3 にゅうし
4 しゅうのう　5 しゅのう　6 みと
7 とど　8 とくはいん　9 のうにゅう
10 むずか(むつか)　11 ちち　12 おさ

P.101
2
1 キ・ウ　2 ア・カ　3 オ・イ
4 エ・ケ　5 ク・コ

3
1 値段　2 処分　3 保存　4 負担
5 状態　6 手段　7 単純　8 創設
9 準備　10 住宅

P.102
4
1 困難　2 牛乳　3 納品　4 派生
5 難度　6 認　7 頭脳　8 乳
9 届　10 難　11 脳　12 母乳

ステップアップメモ

流派(りゅうは)　技(わざ)や芸術などで、方法や主義などのちがいから区別された、それぞれの系統のこと。

首脳(しゅのう)　政府・団体などの中心になって組織を運営する人。

力だめし 第4回

P.103
1
1 ちょしゃ　2 ていきけん　3 そうさ
4 しょり　5 てんじ　6 りっぱ　7 つと
8 さいばん　9 げんすんだい　10 ぜっちょう

2
1 イ　2 ウ　3 ア　4 エ　5 ア
6 ア　7 エ　8 イ　9 ウ　10 エ

P.104
3
1 創　2 層　3 供　4 担　5 宇

4
1 6・9　2 4・6　3 8・11
4 3・8　5 7・8

5
1 あ・ウ　2 こ・ケ　3 け・カ
4 か・エ　5 き・オ

P.105
6
1 再び　2 疑う　3 垂らす　4 縮む
5 痛く　6 営む　7 退く　8 届ける
9 認める　10 染まる

7
1 コ・ア　2 オ・キ　3 ケ・イ
4 エ・カ　5 ク・ウ

P.106
8
1 ア　2 イ　3 ア　4 イ　5 ウ
6 イ　7 ウ　8 エ　9 ウ　10 エ

9
1 温暖　2 冊　3 散策　4 紅茶
5 服装　6 値段　7 内臓　8 内蔵
9 短歌　10 単価

ステップ21

P.110
1
1 はいかん
2 ひけつ
3 せ
4 はいかつりょう
5 ばんしゅう
6 はんちょう
7 はいけい
8 ひてい
9 おが
10 はい
11 はいじん
12 せなか

P.111
2
1 捨
2 揮
3 拝
4 操
5 招
6 担
7 推
8 拡
9 探
10 採

3
1 ぎゅうにゅう
2 ちち
3 はいご
4 せおよ
5 しゅくしゃく
6 ちぢ
7 だんりゅう
8 あたた
9 くつう
10 いたで

P.112
4
1 背後
2 可否
3 俳句
4 背筋
5 参拝
6 班
7 肺
8 毎晩
9 背比
10 拝
11 賛否
12 晩年

ステップ22

P.114
1
1 へいかんび
2 ひはん
3 へいか
4 はら
5 こうふん
6 なみきみち
7 し
8 ひきょう
9 どひょう
10 と
11 なら
12 ふる

P.115
2
1 晩
2 難
3 操
4 給
5 存
6 単
7 専
8 脳
9 担
10 臓

3
1 ア
2 イ
3 オ
4 エ
5 ウ
6 ア
7 ウ
8 オ
9 イ
10 エ

P.116
4
1 閉
2 中腹
3 並
4 閉店
5 陛下
6 批評
7 閉
8 奮
9 秘蔵
10 米俵
11 奮戦
12 腹

ステップアップメモ

大器晩成（たいきばんせい） 大器（大人物をさす）はできあがるまでに時間がかかるということ。

単刀直入（たんとうちょくにゅう） 話や文章で、前置きなしに、いきなり本題に入ること。 注 ×短刀直入 ○単刀直入

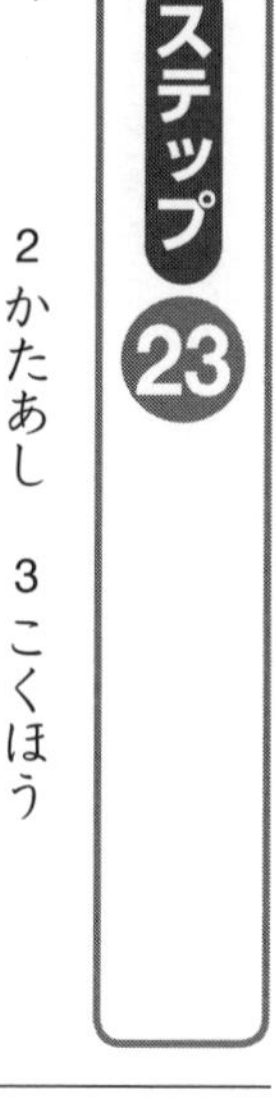

1 P.118

1 く　2 かたあし　3 こくほう　4 ほきゅう　5 れきほう　6 こうぼう　7 おぎな　8 ひほう　9 わす　10 たず　11 く　12 たから

2 P.119

1 補習　2 補修　3 高層　4 構想　5 当分　6 糖分　7 志望　8 死亡　9 政党　10 正当　11 納　12 治

3

1 サ・ア　2 イ・カ　3 エ・ク　4 ケ・キ　5 オ・シ　6 コ・ウ

4 P.120

1 補　2 宝庫　3 片道　4 暮　5 補強　6 訪　7 亡命　8 宝　9 暮　10 片側　11 訪問　12 忘

ステップアップメモ

納める(おさ)　代金や税を支払(しはら)ったり、品物を送りこんだりすること。

治める(おさ)　みだれた物事をしずめる。支配する。政治を行う。

ステップ 24

1 P.122

1 やく　2 かいまく　3 みっせつ　4 もしゃ　5 わけ　6 あいぼう　7 そらもよう　8 まいきょ　9 かめい　10 ばくふ　11 きぼ　12 めんみつ

2 P.123

1 エ　2 イ　3 ウ　4 エ　5 イ　6 ウ　7 ア　8 イ　9 ア　10 ウ

3

1 油断　2 精密　3 直射　4 危急　5 有名　6 訪問　7 補給　8 棒大　9 絶後　10 模型

4 P.124

1 内訳　2 鉄棒　3 幕末　4 模型　5 密集　6 通訳　7 枚数　8 同盟　9 幕　10 秘密　11 模様　12 棒

ステップアップメモ

有名無実(ゆうめいむじつ)　名前だけは知られていて立派だが、中身がそれにともなわないこと。

針小棒大(しんしょうぼうだい)　小さな物事をおおげさに言うたとえ。

ステップ 25

1 P.126

1 たまご　2 らんざつ　3 おさな
4 せいゆう　5 しょくよく　6 ようちゅう
7 よくじつ　8 あず　9 ゆうそう
10 ようしょう　11 みだ　12 よくば

2 P.127

1 奮　2 模　3 片　4 乱　5 密
6 盟　7 背　8 優　9 幕　10 亡

3

1 よきん　2 あず　3 つうやく　4 わけ
5 さんぱい　6 おが　7 かいへい　8 と
9 ちゅうふく　10 はら　11 ほうこ　12 たから

4 P.128

1 預　2 欲望　3 優位　4 幼児
5 郵便　6 乱　7 卵　8 意欲
9 翌週　10 優勝　11 混乱　12 幼

散在（さんざい）　あちらこちらにちらばってあること。
密集（みっしゅう）　ぎっしりと集まっていること。
中腹（ちゅうふく）　山の頂上とふもとの間のまんなかあたりのこと。

ステップ 26

1 P.130

1 とうろん　2 かんらんしゃ　3 うら
4 りんかい　5 ろうほう　6 きりつ
7 うらおもて　8 かいらん　9 ちょうりつ
10 りんせき　11 めいろう　12 いろん

2 P.131

1 13・16　2 9・13　3 7・11　4 1・17
5 2・18　6 8・11　7 2・7　8 10・11
9 3・5　10 12・13

3

1 衣・装　2 木・枚　3 言・認
4 阝・郷　5 頁・頂　6 彳・従
7 心・忠　8 乚・乳　9 宀・宝
10 皿・盛

4 P.132

1 法律　2 遊覧　3 理論　4 展覧
5 臨時　6 裏庭　7 自律　8 議論
9 朗読　10 臨機　11 裏側　12 朗唱

力だめし 第5回

P.133

1

1 ちょう　2 ちゅうせい　3 はい　4 いた　5 しんぴてき　6 さくひんてん　7 はん　8 ちょぞう　9 した　10 たまご

2

1 ウ　2 イ　3 ア　4 イ　5 ア　6 エ　7 ア　8 ウ　9 エ　10 ウ

P.134

3

1 欲　2 朗　3 穀　4 郵　5 優

4

1 3・10　2 6・10　3 3・4　4 8・11　5 5・8

5

1 き・カ　2 こ・コ　3 く・ウ　4 お・ケ　5 あ・エ

P.135

6

1 補う　2 並べる　3 垂れる　4 忘れる　5 幼い　6 縮まる　7 乱れる　8 暮れる　9 拝む　10 染める

7

1 敵　2 閉　3 背　4 退　5 臨　6 亡　7 末　8 版　9 預　10 樹

P.136

8

1 ア　2 エ　3 ア　4 ウ　5 オ　6 イ　7 ウ　8 イ　9 エ　10 オ

9

1 運賃　2 批判　3 規模　4 座席　5 奮起　6 俵　7 値　8 並木　9 定刻　10 寸前

ステップアップメモ

奮起（ふんき）　ふるい立つこと。気力や勇気をふるい起こすこと。

■「音と訓」「訓と音」の組み合わせに注意しよう

軍手（ぐんて）　グン㊅＋て㊊　**番付**（ばんづけ）　バン㊅＋づけ㊊

相棒（あいぼう）　あい㊊＋ボウ㊅　**組曲**（くみきょく）　くみ㊊＋キョク㊅

■筆順に注意しよう

俳→×6画目　〇3画目

片→×2画目　〇3画目

■部首に注意しよう

幕→×艹（くさかんむり）　〇巾（はば）

■送りがなに注意しよう

補（おぎな）う（×補なう）　幼（おさな）い（×幼ない）

5級 総まとめ 標準解答

(一) 読み (20) 1×20

1	2	3	4	5	6	7	8	9	10
あなば	たてが	ないかく	てっきん	ようさい	じゅえき	しゅしょう	けいとうず	も	けいかん

(二) 部首と部首名(記号) (10) 1×10

1	2	3	4	5	6	7	8	9	10
く	オ	け	カ	か	エ	い	キ	き	ウ

(四) 漢字と送りがな(ひらがな) (10) 2×5

1	2	3	4	5
閉じる	洗う	済ます	激しい	除く

(六) 四字の熟語(一字) (20) 2×10

1	2	3	4	5	6	7	8	9	10
否	遺	策	討	欲	源	己	疑	誌	権

(八) 熟語作り(記号) (10) 2×5

1	2	3	4	5
キ	ク	イ	カ	ア
オ	エ	ウ	ケ	コ

(九) 熟語の構成(記号) (20) 2×10

1	2	3	4	5	6	7	8
ア	エ	ウ	エ	ア	イ	ウ	イ

(十) 漢字 (40) 2×20

1	2	3	4	5	6	7	8	9	10
郵便	専用	巻末	認	困	若	冷蔵	王座	乱	吸

20	19	18	17	16	15	14	13	12	11
く	さが	ぼう	たから	すがた	す	ゆうらん	わす	じゅうし	こしょう

(三) 画数（算用数字）(10)

10	9	8	7	6	5	4	3	2	1
10	4	8	6	5	3	9	7	12	6

1×10

(五) 音と訓（記号）(20)

10	9	8	7	6	5	4	3	2	1
ア	イ	ウ	ア	エ	ア	イ	ウ	エ	ウ

2×10

(七) 対義語・類義語（一字）(20)

10	9	8	7	6	5	4	3	2	1
承	著	展	就	誠	暖	片	未	派	痛

2×10

(十) 同じ読みの漢字 (20)

10	9	8	7	6	5	4	3	2	1
腸	庁	脳	納	送	装	鋼	降	造	臓

2×10

10	9
エ	ウ

20	19	18	17	16	15	14	13	12	11
誤	針	背景	舌	届	縮	従	尺八	供	蚕

◆漢字の画数を数えると？の答え◆

答え　革

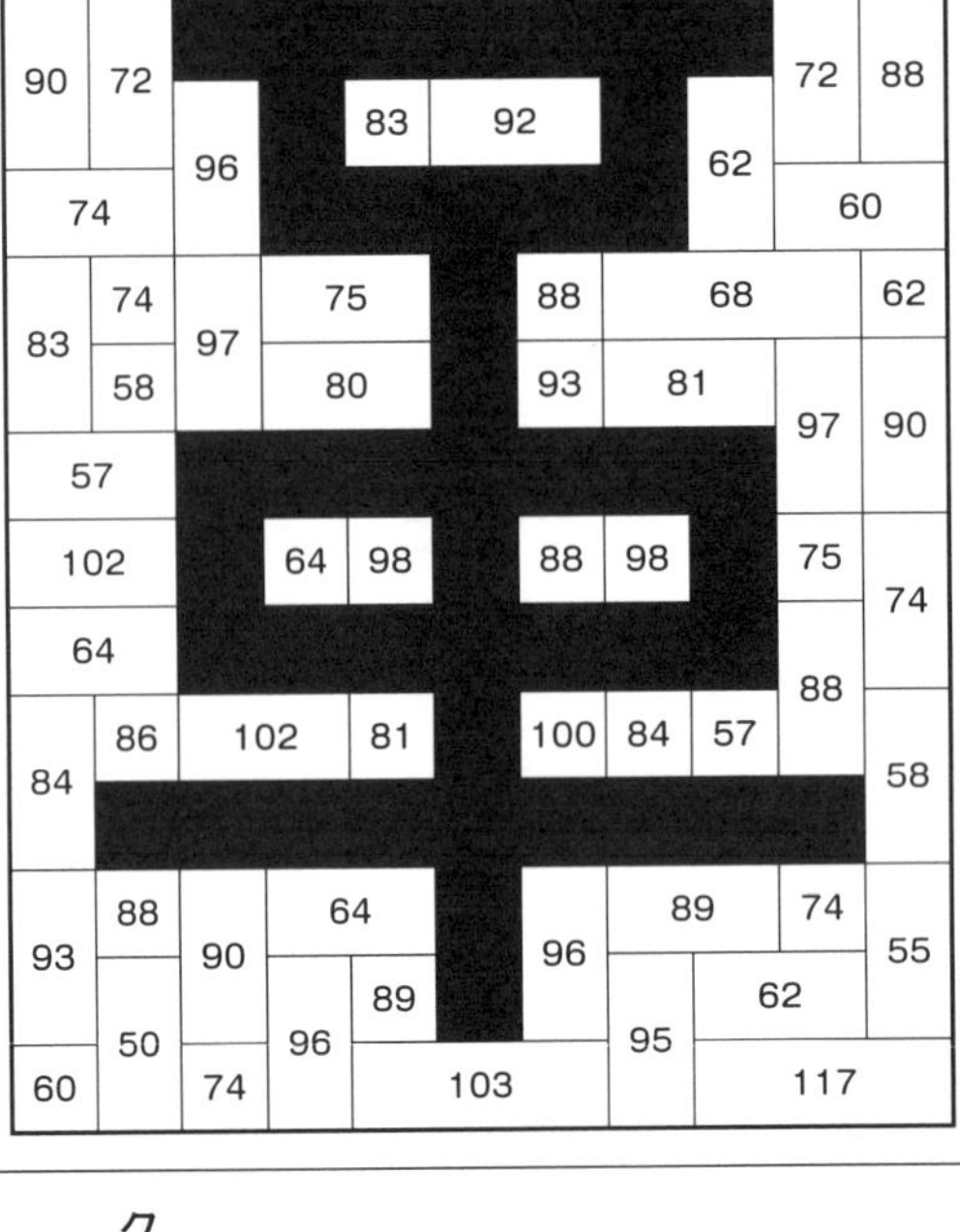

◆クイズであそぼ！の答え◆

クイズであそぼ！①

答え　空前絶後

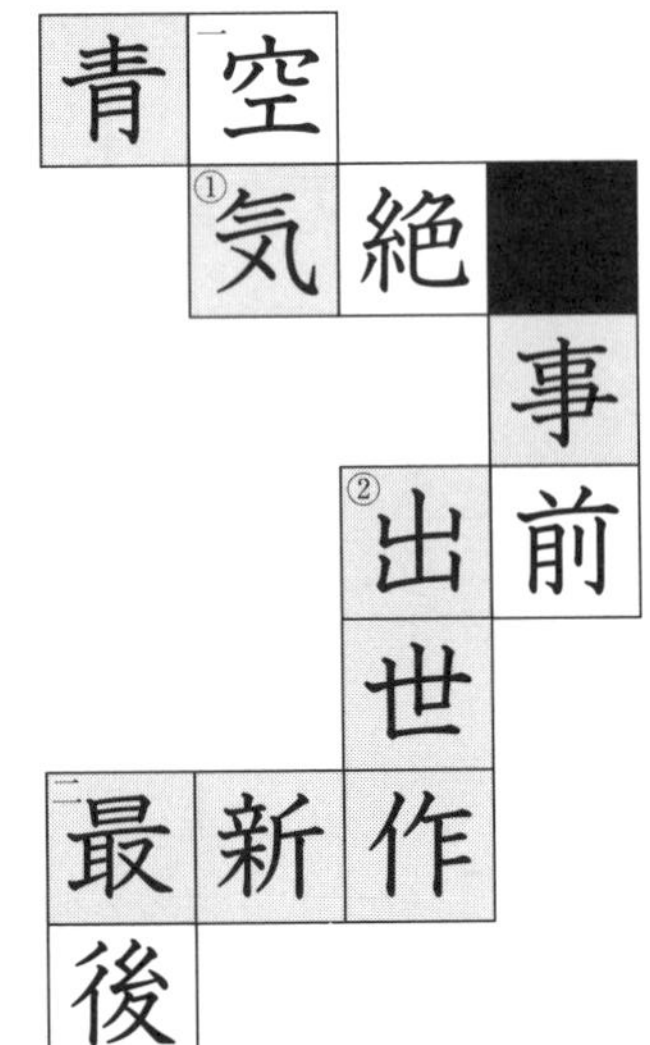

クイズであそぼ！②

答え　①引　②革　③干　④我　⑤机

クイズであそぼ！③

答え　①誤・誌・謝・議
②察・容・寄・宇
③割・別・劇・則

クイズであそぼ！④

答え　先手必勝

后 2 → 郷 8 → 吸 5 → 冊 4

クイズであそぼ！⑤

答え　①降りる　②垂れる　③勤める　④延ばす
⑤危ない　⑥除く

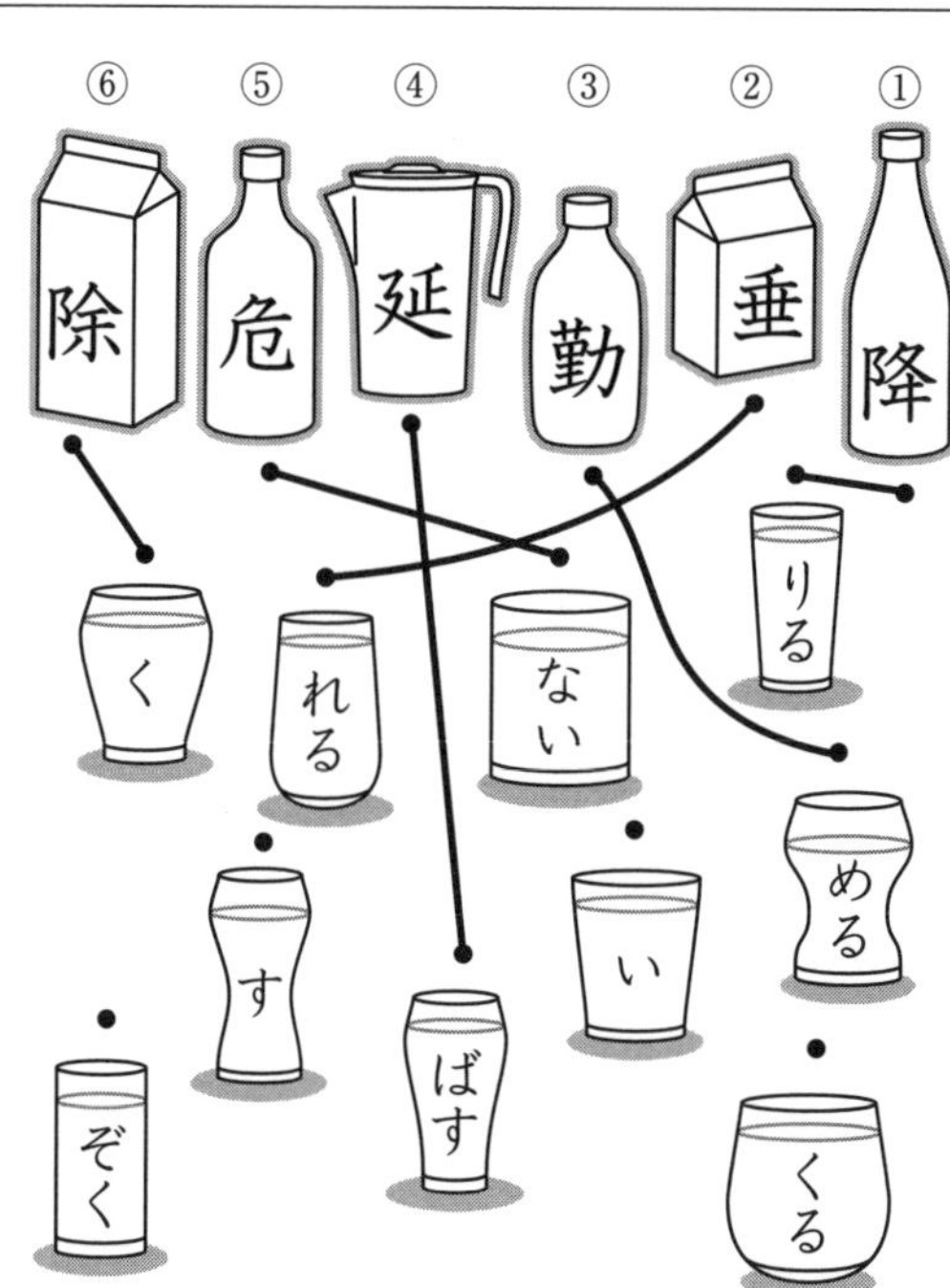

［5級解答］

クイズであそぼ！⑥

答え　①若　②縦

クイズであそぼ！⑦

答え　①専　②貴　③派　④障　⑤鋼　⑥庁

クイズであそぼ！⑧

答え　①難　②脳　③念

都道府県名

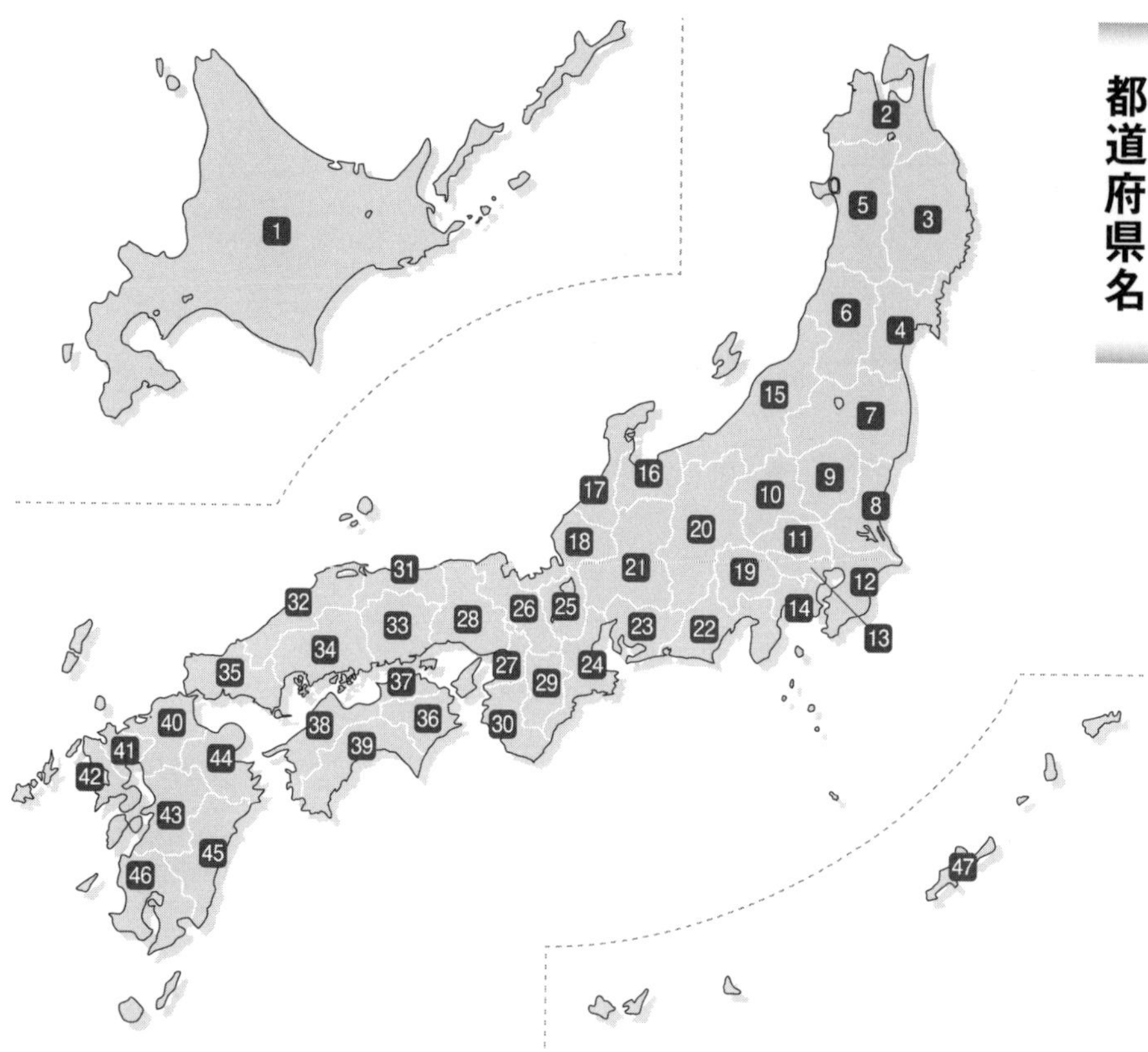

16	15	14	13	12	11	10	9	8	7	6	5	4	3	2	1
富山県（とやま）	新潟県（にいがた）	神奈川県（かながわ）	東京都（とうきょうと）	千葉県（ちば）	埼玉県（さいたま）	群馬県（ぐんま）	栃木県（とちぎ）	茨城県（いばらき）	福島県（ふくしま）	山形県（やまがた）	秋田県（あきた）	宮城県（みやぎ）	岩手県（いわて）	青森県（あおもりけん）	北海道（ほっかいどう）

32	31	30	29	28	27	26	25	24	23	22	21	20	19	18	17
島根県（しまね）	鳥取県（とっとり）	和歌山県（わかやま）	奈良県（なら）	兵庫県（ひょうご）	大阪府（おおさか）	京都府（きょうとふ）	滋賀県（しが）	三重県（みえ）	愛知県（あいち）	静岡県（しずおか）	岐阜県（ぎふ）	長野県（ながの）	山梨県（やまなし）	福井県（ふくい）	石川県（いしかわ）

47	46	45	44	43	42	41	40	39	38	37	36	35	34	33
沖縄県（おきなわ）	鹿児島県（かごしま）	宮崎県（みやざき）	大分県（おおいた）	熊本県（くまもと）	長崎県（ながさき）	佐賀県（さが）	福岡県（ふくおか）	高知県（こうち）	愛媛県（えひめ）	香川県（かがわ）	徳島県（とくしま）	山口県（やまぐち）	広島県（ひろしま）	岡山県（おかやま）